Ambros / Ehrhardt / Kerschbaumer

Pflanzen- kläranlagen

selbst gebaut

Leopold Stocker Verlag
Graz – Stuttgart

Umschlaggestaltung: Oberhofer, Villach
Das Umschlagfoto sowie die Bilder und Grafiken im Textteil wurden dem Verlag freundlicherweise von den Autoren zur Verfügung gestellt.

Der Inhalt dieses Buches wurde von den Autoren und vom Verlag nach bestem Wissen (und Gewissen) überprüft; eine Garantie dafür kann jedoch nicht übernommen werden. Die juristische Haftung ist daher ausgeschlossen.

Hinweis:
Dieses Buch wurde auf chlorfrei gebleichtem Papier gedruckt.
Die zum Schutz vor Verschmutzung verwendete Einschweißfolie ist aus Polyethylen chlor- und schwefelfrei hergestellt. Diese umweltfreundliche Folie verhält sich grundwasserneutral, ist voll recyclingfähig und verbrennt in Müllverbrennungsanlagen völlig ungiftig.

ISBN 3-7020-0824-1
Printed in Austria
Druck: Druckerei Theiss GmbH, A-9400 Wolfsberg

INHALT

VORWORT

Ein Großteil unserer Wasserversorgung kommt direkt aus dem Grundwasser. Aus diesem Grund ist eine ordentliche Abwasserentsorgung durch biologische Reinigung der Abwässer sehr wichtig, um dieses Grundwasser auch für Trinkzwecke verwenden zu können. Im Bundesland Steiermark wurde auf diesem Sektor sehr viel getan. Allein in den letzten 25 Jahren stieg der ordnungsgemäße Entsorgungsgrad von 12% auf 75%, womit die Zielsetzungen unseres österreichweit ersten Landesumweltprogrammes voll erreicht worden sind.

Die restlichen 25% liegen aber noch vor uns, wovon im überwiegenden Maß der dünner besiedelte ländliche Raum betroffen ist. Die bisher erfolgreichen Sammel- und Behandlungssysteme meist zentraler Natur werden in Gebieten mit geringerer Siedlungsdichte und schwierigeren topographischen Verhältnissen kleineren und flexibleren Systemen bis hin zu privaten Einzelanlagen Platz machen müssen. Es ist in der gesamtsteirischen Abwasserplanung daher davon auszugehen, daß dafür noch rund 16.000 Abwasserentsorgungsanlagen errichtet werden müssen, wovon rund 15.000 auf Kleinkläranlagen für maximal 50 Einwohner entfallen werden. Die Wasserrechtsbehörden der Steiermark haben diesem erkennbaren Trend entsprechend im Jahre 1993 rechtliche und fachliche Vorgaben gemacht, um die Errichtung von naturnahen Kleinkläranlagen zu ermöglichen und gleichzeitig ihre Reinigungsqualität zu garantieren.

Ich danke daher dem Grazer Ökologischen Projekt, daß es mit dieser Publikation den von öffentlicher und privater Seite gesammelten Erfahrungsschatz für die tägliche Praxis zusammengefaßt und zu einem bürgernahen Handbuch ausgestaltet hat. Ich persönlich erwarte mir davon, daß dadurch die an Bedeutung zunehmende Eigenverantwortung im Abwasserbereich auch einen gesicherten Qualitätsstandard garantiert.

W. Hofrat Dr. Manfred Rupprecht
Umweltkoordinator des Amtes
der Steiermärkischen Landesregierung

EINLEITUNG

Das Konzept einer flächendeckenden Abwasserentsorgung ist umso effektiver, je besser die Maßnahmen den jeweiligen Gegebenheiten angepaßt sind. Das Erfordernis zur Erreichung einer flächendeckenden Abwasserentsorgung in den ländlichen Regionen liegt sowohl aus Wirtschaftlichkeitsgründen als auch aus ökologischer Sichtweise nicht mehr ausschließlich in der Übernahme des in den vergangenen Jahrzehnten angewandten Entsorgungsmodells der zentralen Großkläranlagen. Vielmehr bedarf es der Erarbeitung und der Anwendung praktikabler und oft neuer, an die Gegebenheiten der ländlichen Bereiche angepaßter Lösungsstrategien und Technologien. Dabei gelten Wirtschaftlichkeit und ökologische Nachhaltigkeit als anzustrebende Hauptziele.

Durch die in den letzten Jahren fortgeschrittene Entwicklung von unterschiedlichen, sehr leistungsfähigen Kleinkläranlagensystemen, insbesondere Pflanzenkläranlagen, können mittlerweile für einige Bereiche der ländlichen Regionen dezentrale Abwasserentsorgungsmodelle mit Gruppen- und Einzelkläranlagen als zumindest gleichwertige Alternative zu zentralen Modellen mit langen Kanalsträngen und anschließender Abwasserbehandlung in Großkläranlagen angesehen werden.

Pflanzenkläranlagen zählen zu jenen Kleinkläranlagen, die sehr gut geeignet sind, die an die Abwasserbehandlung der ländlichen Regionen gestellten Anforderungen zu erfüllen. Dazu zählen u.a. eine einfache Betriebsführung und Wartung, eine hohe Reinigungsleistung, die auch Schwankungen im Abwasseranfall zuläßt, verhältnismäßig niedrige Betriebskosten, eine gute Einfügung in das Landschaftsbild und in vielen Fällen Fremdenergieunabhängigkeit.

Dieses Buch richtet sich an alle an der Abwasserentsorgung mit Pflanzenkläranlagen Interessierten. Es soll einen Einblick in die wesentlichen Aspekte der Abwasserreinigung mit Pflanzenkläranlagen geben und geht auf technische und rechtliche Fragestellungen ebenso ein wie auf die praktische Umsetzung, auf Kosten, Bau, Betrieb und Wartung.

Der erste Teil des Buches soll zum Verständnis der allgemeinen Prinzipien der Abwasserreinigung beitragen, die rechtlichen Gegebenheiten und Abläufe erläutern sowie die Funktionsweise der Bauteile einer Pflanzenkläranlage, von der mechanischen Vorreinigung bis zur Ableitung, darstellen.

Bedingt durch die Einfachheit in der Bauweise können Pflanzenkläranlagen durchaus im sogenannten „Selbstbau unter Anleitung" („kontrollierter Selbstbau") errichtet werden. Deshalb beschäftigt sich der zweite Teil des Buches mit dem Bau der Kläranlage und geht auf die in den letzten Jahren von den Verfassern gemachten Erfahrungen im Selbstbau von Pflanzenkläranlagen ein. Er ist als Leitfaden für den Bau einer Pflanzenkläranlage gedacht. Er beleuchtet organisatorische Aspekte und soll als Hilfestellung bei der Errichtung der einzelnen Bauteile dienen, jedoch niemanden dazu verleiten, eine Pflanzenkläranlage ohne Projektierung durch ein fachkundiges Planungsbüro oder ohne Einhaltung der rechtlichen Erfordernisse zu errichten.

Der Abschnitt „Betrieb und Wartung" soll zukünftigen Betreibern einer Pflanzenkläranlage eine Vorstellung über den zu erwartenden Wartungsaufwand ermöglichen. Im Abschnitt „Behörden und Gesetze" wird ein grober Überblick über rechtliche Rahmenbedingungen in Österreich, Deutschland und der Schweiz gegeben. Die abschließend angeführten Fallbeispiele sollen den vielfältigen Einsatzbereich von Pflanzenkläranlagen aufzeigen.

Das Ziel einer flächendeckenden Abwasserentsorgung nach Stand der Technik erfordert den Einsatz möglichst an die örtlichen Gegebenheiten angepaßter Technologien. Die Autoren wollen mit diesem Buch auch Argumente dafür liefern, daß Pflanzenkläranlagen eine zusätzliche und vollwertige Technologie der Abwasserentsorgung für ländliche Streusiedlungsbereiche darstellen.

Nicht zuletzt wollen wir all jenen danken, die durch Anregungen und kritische Bemerkungen zum Entstehen dieses Buches beigetragen haben. Unser besonderer Dank gilt dem Umweltschutzkoordinator der Steiermark, Herrn Hofrat Rupprecht, für die Erstellung des Vorwortes.

DIE ABWASSERBEHANDLUNG ALLGEMEIN

Viele der Betroffenen stellen sich – wenn sie plötzlich persönlich mit der Problematik der Abwasserreinigung konfrontiert werden – die Frage: Wozu muß eigentlich das von mir erzeugte Abwasser gereinigt werden? Man kann sich die Antwort auf diese immer wieder gestellte Frage einfach machen und auf gesetzliche Vorschrift verweisen, wonach jeder seine Abwässer zu reinigen hat. Die Notwendigkeit einer flächendeckenden Klärung der häuslichen Abwässer läßt sich allerdings auch anders begründen.

Zuallererst sollte man sich darüber bewußt werden, daß sich der Wasserverbrauch in der letzten Generation enorm erhöht hat. Eine diesbezüglich einschneidende Erfindung war vor ca. 100 Jahren die des Wasserklosetts. Die neue Einrichtung führte nicht nur zu einem sprunghaften Anstieg des Wasserverbrauchs, sondern vor allem auch zu einer Vermischung von reinem Trinkwasser mit Fäkalien und anderen Inhaltsstoffen. Mit der stetigen Weiterentwicklung der Haushaltstechnik war ein starker Anstieg des Wasserverbrauchs und damit auch des Abwasseranfalls verbunden. Durch die enorme Zunahme von Haushaltschemikalien kam es neben der Zunahme der Abwassermenge auch zu einer Zunahme der Abwasserinhaltsstoffe.

Heute haben wir es mit einem durchschnittlichen Wasserverbrauch in den Haushalten von ca. 150 l pro Einwohner und Tag in Städten und ca. 100 l pro Einwohner und Tag in ländlichen Bereichen zu tun. Der Verbrauch des Wassers im Haushalt setzt sich wie folgt zusammen:

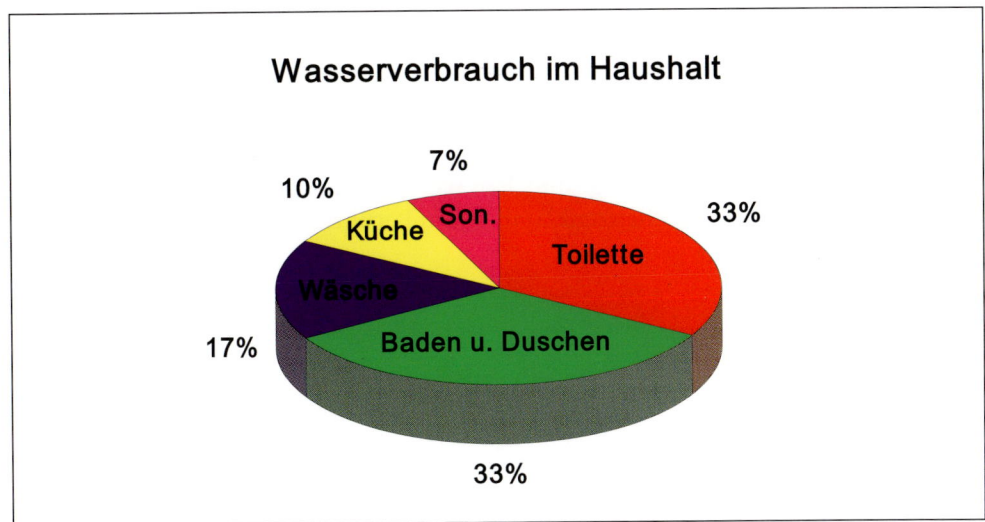

Trotz vielfältiger Einsparungsmöglichkeiten, wie zum Beispiel durch moderne Installationstechnik, Regenwassersammel- und -nutzungsanlagen u.v.a., ist der Wasserverbrauch noch immer ansteigend. Über die Ursachen dafür können unterschiedliche

Mutmaßungen angestellt werden. Der Hauptgrund für den hohen Wasserverbrauch liegt unumstritten in den (noch) sehr großen Trinkwasservorkommen in unseren Breiten und dem daraus resultierenden geringen Preis für den Endverbraucher.

> **Das Abwasser, mit dem wir es heute zu tun haben, ist weder mengenmäßig noch bezüglich der Beschaffenheit mit dem unserer Väter zu vergleichen. Aus diesem Grund ist eine flächendeckende Abwasserreinigung sinnvoll und notwendig.**

Das heißt allerdings nicht, daß sämtliche Abwässer in zentralen Großkläranlagen gereinigt werden müssen. Denn vor allem in dünn besiedelten Gebieten stellt sich heraus, daß dezentrale Kleinkläranlagen nicht nur die kostengünstigere, sondern auch ökologisch sinnvollere Alternative sind.

EINIGE GRUNDLAGEN DER ABWASSERTECHNIK

Dieses Buch soll kein Lehrbuch für Abwassertechnik sein. Trotzdem ist es nach Ansicht der Autoren erforderlich, einige grundlegende Sachverhalte darzulegen. Dabei sollen vor allem jene Bereiche angesprochen werden, mit denen Sie beim Planungsprozeß und beim Bau einer Pflanzenkläranlage in Berührung kommen.

Einwohnerwert

Das Bemessungskriterium für die Dimensionierung der Baugröße einer Kläranlage ist der Einwohnerwert (EW). Ein EW entspricht dabei der Stoffmenge, die eine Person täglich an das Abwasser abgibt. Diese Bezugsgröße wird benötigt, um einen einheitlichen Richtwert für verschiedene Abwasseremittenten – wie zum Beispiel Industrie, Gewerbebetriebe und andere Institutionen – zu erhalten.

Laut ÖNORM B 2500 sind bei Kleinkläranlagen folgende Umrechnungsfaktoren zu verwenden:

Ermittlung der Einwohnerwerte nach ÖNORM B 2500 (Auszug)		
Anfallstelle des Abwassers	Bemessungsgrundlage je	Einwohnerwert
Beherbergungsbetrieb (ohne Wäscherei)	1 Bett	1
Gaststätte ohne Küche	3 Sitzpl.	1
Gaststätte mit kalter Küche	2 Sitzpl.	1
Gaststätte mit Küchenbetrieb (höchstens 3malige Ausnützung der Sitzplätze in 24 Stunden)	1 Sitzpl.	1
Zuschlag für Saal und Garten (nur fallweise benützt)	5 Sitzpl.	1
Campingplatz	2 Benützer	1
Fabrik, Werkstätte	2–3 Personen	1
Büro, Geschäftshaus	3 Personen	1
Schule, Kindergarten	3–5 Personen	1

Aus der Tabelle ist also ersichtlich, daß zum Beispiel für ein Gasthaus mit nur kalter Küche für jeweils zwei Sitzplätze ein EW anzusetzen ist.

Abwasserinhaltsstoffe

Neben dem ständig steigenden Wasserverbrauch wächst – vor allem durch die Chemisierung unseres Alltags – die Belastung des Abwassers mit schwer abbaubaren Inhaltsstoffen.

Im folgenden sollen einige für den Abwasseranalytiker bedeutsame Kenngrößen vorgestellt werden.

Biochemischer Sauerstoffbedarf (BSB$_5$)

Die Vielfalt der im Abwasser gelösten chemischen Verbindungen führte zu der Einführung von Summenmeßgrößen, um die Beschaffenheit des Abwassers schneller und einfacher beurteilen zu können. Der für die Abwassertechnik bedeutendste Summenparameter ist der Biochemische Sauerstoffbedarf (BSB$_5$). Er drückt aus, wieviel Sauerstoff die im Wasser lebenden Bakterien benötigen, um innerhalb von 5 Tagen sämtliche im Abwasser enthaltenen biologisch abbaubaren organischen Substanzen umzuwandeln (z.B. in Kohlendioxid, Wasser, Nitrat, Phosphat etc.).

Chemischer Sauerstoffbedarf (CSB)

Der CSB erfaßt neben den leicht abbaubaren organischen Verbindungen auch fast alle schwer abbaubaren Verbindungen (z.B. synthetische Tenside, chlororganische Verbindungen, Mineralöle etc.).

Ammonium (NH_4-N)

Ammonium ist eine Stickstoffverbindung und gelangt hauptsächlich über die Fäkalien und Harnstoffe ins Abwasser. Ammonium wandelt sich in der Kläranlage unter Mithilfe bestimmter Bakterien zu Nitrat um. Man spricht dann von Nitrifikation. Ableitungen mit zu hohen Ammoniumfrachten in kleinere Gewässer können unter bestimmten Umständen (z.B. bei Umwandlung von Ammonium in Ammoniak)auf Fische giftig wirken. Die Reduktion von Ammonium zu Nitrat ist sehr stark von der Temperatur abhängig. Daher sieht der Gesetzgeber erst einen Grenzwert für Ammonium bei einer Temperatur von $T > 12°$ C im Ablauf der Kläranlage vor.

Phosphor

Phosphor ist wie Stickstoff ein für alle Lebewesen unverzichtbares Element. Aber mehr noch als Stickstoff kann er in zu hohen Konzentrationen zu Überdüngungen und Veralgung von Gewässern führen. Die Phosphorfrachten im häuslichen Abwasser sind aufgrund der Verwendung von phosphatfreien Waschmitteln hauptsächlich auf die menschlichen Ausscheidungen zurückzuführen und liegen bei ca. 2 bis 3 g Phosphat-Phosphor pro Person und Tag.

Tenside

Tenside sind waschaktive Substanzen in Waschpulvern, Shampoos, Spülmitteln und anderen Reinigungsmitteln. Es werden ca. 7 g anionische und 7 g nichtionische Tenside sowie 5 g Seife pro Person und Tag mit dem Abwasser abtransportiert. Synthetische Tenside benötigen lange Aufenthaltszeiten in den Kläranlagen, um abgebaut werden zu können. Diese Anforderung der langen Aufenthaltszeit erfüllen vor allem Pflanzenkläranlagen. Aus diesem Grund ist üblicherweise der Abbau von Tensiden bei Pflanzenkläranlagen höher als bei technischen Systemen. Über die Auswirkung von Tensiden auf Gewässer ist derzeit wenig bekannt, so daß der Gesetzgeber auch keine Ablaufgrenzwerte festgelegt hat.

Krankheitserreger

Der ursprüngliche Gedanke der Abwasserreinigung bzw. Ableitung des Abwassers war die Verhinderung von Seuchen bei Mensch und Tier. Im Rohabwasser sind meist mehr als 1 Million Bakterien (Keime) in 1 ml enthalten. Der überwiegende Teil ist für Mensch und Tier ungefährlich. Krankheitserreger sind Viren sowie die Eier von Eingeweidewürmern. Auch bei den Krankheitserregern ist analog zu den Tensiden eine lange Aufenthaltszeit des Abwassers in der Kläranlage von Vorteil. Aus diesem Grund und aus der gegebenen Filterwirkung bieten auch hier Pflanzenkläranlagen einen Vorteil gegenüber technischen Systemen.

Für Kläranlagen bis 500 Einwohner sind derzeit keine Ablaufgrenzwerte bezüglich hygienischer Parameter festgelegt.

Schwermetalle

Das zu reinigende Abwasser enthält eine Reihe an metallischen und nichtmetallischen Elementen. Hiervon sind Chrom, Nickel, Kupfer, Zink, Cadmium, Blei und Quecksilber bei häuslichem Abwasser von Bedeutung.

Schwermetalle sind nicht abbaubar! Das heißt, jedes Gramm an Schwermetall, das sich im Abwasser befindet, verbleibt entweder im Klärschlamm, im Kläranlagenablauf oder im Filtersubstrat bzw. in den Pflanzen der Pflanzenkläranlage.

Langjährige Messungen haben gezeigt, daß die Schwermetallkonzentrationen für häusliches Schmutzwasser in der Regel sehr niedrig sind. Im Ablauf der Kleinkläranlagen liegen die Meßwerte für abwasserrelevante Schwermetalle nicht im kritischen Konzentrationsbereich.

Daher schreibt der Gesetzgeber auch keine Grenzwerte für Kleinkläranlagen vor.

GESETZLICHE ANFORDERUNGEN AN DIE ABWASSERREINIGUNG

Nach den bisherigen Erfahrungen werden üblicherweise von seiten der Wasserrechtsbehörden folgende Reinigungsanforderungen an Kläranlagen bis 500 EW gestellt.

Reinigungsanforderungen an Kläranlagen (bis 500 EW)		
	Deutschland	Österreich
BSB$_5$	< 40 mg/l	< 25 mg/l
CSB	< 150 mg/l	< 90 mg/l
NH$_4$-N*	kein Grenzwert	< 10 mg/l
Absetzbare Feststoffe	< 0,3 ml/l	< 0,3 ml/l
*für Temperatur > 12° C im Ablauf der biologischen Stufe		

Angemerkt sei, daß die oben angegebenen Werte nur Richtwerte sein können, da die tatsächlich einzuhaltenden Grenzwerte in jedem Fall gesondert nach der Eignung des Vorfluters oder des Bodens von der Wasserrechtsbehörde festgelegt werden.

WIE FUNKTIONIERT DIE ABWASSERREINIGUNG?

Grundsätzlich unterscheiden wir zwischen mechanischer, biologischer und chemischer Abwasserbehandlung bzw. -reinigung.

Mechanische Abwasserreinigung

Bei der mechanischen Abwasserreinigung werden nur Grobstoffe, absetzbare und aufschwimmende Feststoffe aus dem Abwasser entfernt bzw. zurückgehalten.

Bei der Reinigung von häuslichem (kommunalem) Abwasser sind Rechen, Sandfang und Absetzbecken die gängigsten Formen der mechanischen Vorreinigung. Für kleinräumige Lösungen werden in der Regel Mehrkammerfaulgruben bzw. Filtersackanlagen zur mechanischen Reinigung des Abwassers verwendet.

Die üblichste Form der Mehrkammerfaulanlage bildet die anschließend beschriebene Dreikammerfaulgrube.

Die Fließgeschwindigkeit des Abwassers wird in der ersten Kammer einer Mehrkammergrube auf wenige mm/s verringert. Dabei sinken alle Stoffe, die schwerer sind als Wasser, langsam zu Boden. Diese absetzbaren Stoffe machen ca. ein Drittel der Gesamtverschmutzung des häuslichen Abwassers aus und bilden am Boden der Mehrkammergrube den Klärschlamm. Die Aufenthaltszeit in der Mehrkammergrube sollte mindestens 2 Stunden betragen, da sich innerhalb dieses Zeitraums über 90% der absetzfähigen Stoffe zum Boden absenken.

Stoffe, welche leichter als Wasser sind, werden als Schwimmstoffe bezeichnet. In der Mehrkammergrube schwimmen vor allem Fette, Öle, Korken, Präservative, Toilettenpapier, Haare u.v.a.m. an der Oberfläche. Diese Stoffe werden durch Tauchwände in der ersten bzw. zweiten Kammer zurückgehalten und dort ab- bzw. umgebaut. Sie bilden den Schwimmschlamm.

Die im häuslichen Abwasser enthaltenen Schwimm- und absetzbaren Feststoffe wandeln sich nach einer gewissen Zeit in Fäkalschlamm um, wobei der Umbauprozeß in der Regel in Abwesenheit von Sauerstoff stattfindet. Dabei bildet sich u.a. Schwefelwasserstoff mit einem Geruch von faulen Eiern und einer schwarzen Verfärbung. In jeder Faulgrube ist weiters mit der Entwicklung von brennbaren und giftigen Gasen zu rechnen.

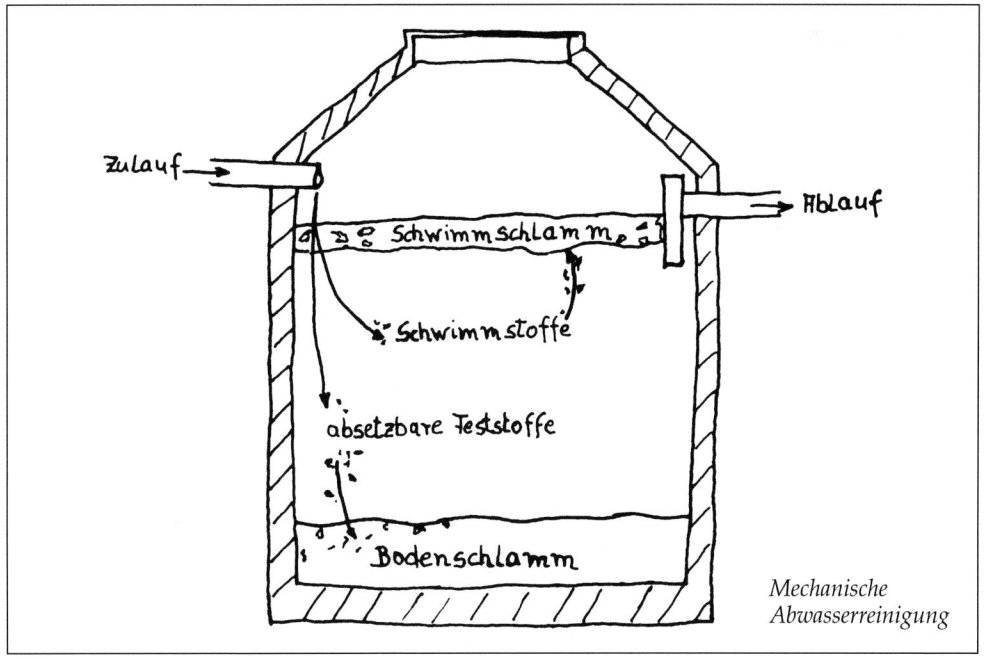

Mechanische Abwasserreinigung

Die Menge des anfallenden Fäkalschlamms beträgt ca. 250 l pro Einwohner und Jahr, wobei der Schlamm noch aus ca. 95% Wasser besteht.

Neben der mechanischen Vorreinigung findet in der Mehrkammergrube auch eine teilbiologische Abwasserreinigung statt. Da die biologische Abbaurate in einer Mehrkammergrube allerdings nur ca. 25% beträgt, werden die gesetzlichen Anforderungen im Regelfall mit einer Mehrkammerfaulanlage nicht mehr erreicht.

Die rein mechanische Abwasserreinigung in Form einer Dreikammerfaulgrube ist in der Regel nicht mehr gesetzeskonform und muß durch eine biologische Reinigungsstufe erweitert werden.

Biologische Abwasserreinigung

Die eigentliche Abwasserbehandlung geschieht bei der biologischen Reinigung. Das Herz der biologischen Reinigungsstufe sind Bakterien. Diese sind letztendlich verant-

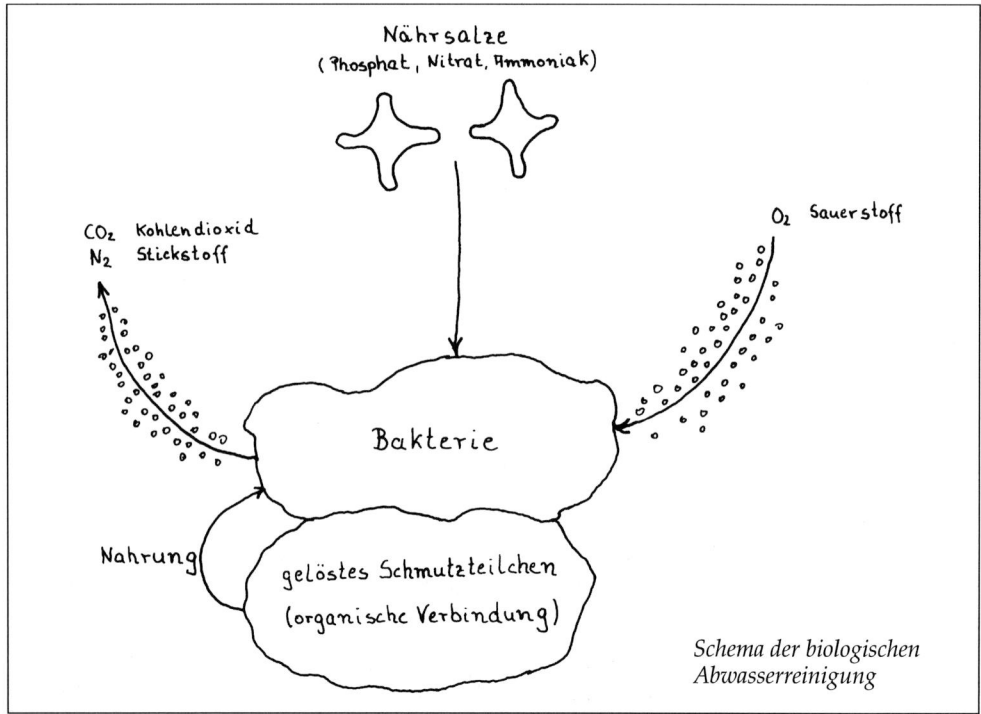

Schema der biologischen Abwasserreinigung

wortlich für den biologischen Um- bzw. Abbau der Abwasserinhaltsstoffe. Die Bakterien – oder besser Mikroorganismen – benötigen für ihre Arbeit neben den im Abwasser ohnedies vorhandenen Schmutzstoffen vor allem Sauerstoff. Dieses Grundprinzip der biologischen Abwasserreinigung kommt bei allen biologischen Kläranlagen – egal, ob technische Belebungsanlage oder naturnahe Pflanzenkläranlage – zur Anwendung. Der grundlegende Unterschied zwischen diesen Reinigungsverfahren liegt in der Art und Weise, wie die Mikroorganismen mit dem erforderlichen Sauerstoff versorgt werden.

Auf den folgenden Seiten werden die gängigsten technischen und naturnahen Abwasserreinigungssysteme vorgestellt und kurz beschrieben.

Technische Kleinkläranlagen

Als technische Kleinkläranlagen werden in diesem Zusammenhang Reinigungsverfahren verstanden, welche zum Einbringen des Sauerstoffs Fremdenergie benötigen.

Belebungsanlagen

Beim Belebungsverfahren leitet man das Abwasser in ein Beton- oder Kunststoffbecken, in welches maschinell Luft eingetragen wird. Durch das Einblasen von Druck-

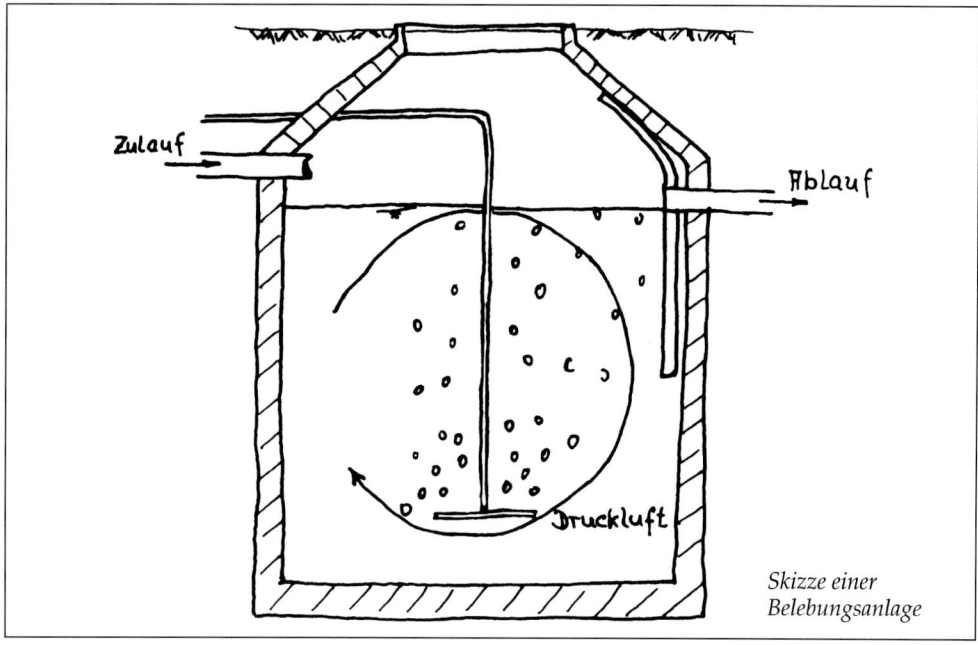

Skizze einer Belebungsanlage

luft entsteht im Becken eine Turbulenz, durch die der Schlamm aufgewirbelt und in Schwebe gehalten wird. Bakterien siedeln sich an den Schlammflocken an und bewerkstelligen den biologischen Ab- bzw. Umbau der organischen Abwasserinhaltsstoffe. Da die Schlammflocken von unzähligen Kleinlebewesen besiedelt werden, bezeichnet man sie als Belebtschlamm. Durch die ständige Vermehrung der Bakterien muß in regelmäßigen Abständen ein gewisser Teil des Belebtschlammes als Überschußschlamm aus dem System entfernt und als Klärschlamm weiterverarbeitet werden.

Tauchtropfkörper

Beim Tauchtropfkörper oder Scheibenrolltropfkörper rotiert eine Walze um eine horizontale Achse und taucht zur Hälfte in ein mit Abwasser gefülltes Becken. Durch die Benetzung mit Abwasser wird ein ständiger Wechsel von Sauerstoff- und Nährstoffanreicherung erzielt. Auf der Walze entwickelt sich, ähnlich dem Tropfkörperverfahren, ein sogenannter biologischer Rasen, auf dem die zur Abwasserreinigung notwendigen Mikroorganismen ihre Arbeit verrichten.

Belüftete Abwasserteiche

Belüftete Abwasserteiche werden ähnlich wie Belebungsanlagen mit künstlicher Luftzufuhr betrieben. Über maschinelle Einrichtungen wird die Druckluft möglichst gleichmäßig im Teich verteilt. Der Betrieb der Teichanlage und der Energieverbrauch entsprechen den Gegebenheiten einer Belebungsanlage. Die Teichfläche beträgt etwa ein Viertel der Fläche unbelüfteter Abwasserteiche. In der Regel werden sie mit einer Wassertiefe von 2 bis 3 m gebaut. Belüftete Abwasserteiche sind ein Kompromiß zwischen naturnahen und technischen Abwasserreinigungssystemen.

Naturnahe Verfahren

Als naturnahe Verfahren werden jene Verfahren bezeichnet, bei denen zum Einbringen des Sauerstoffs keine Fremdenergie notwendig ist.

Tropfkörper

Die Tropfkörperanlage besteht hauptsächlich aus einem Filtrat von Gesteinsbrocken oder Schlacke. Dieses Material ist in einem Betonzylinder so gelagert, daß es am Boden auf einem wasserdurchlässigen Rost aufliegt. Unterhalb des Rostes befindet sich der Ablauf des Betonbeckens. Das mechanisch vorgeklärte Abwasser wird über einen Drehsprenger oder ein anderes Verteilersystem gleichmäßig auf der Oberfläche des

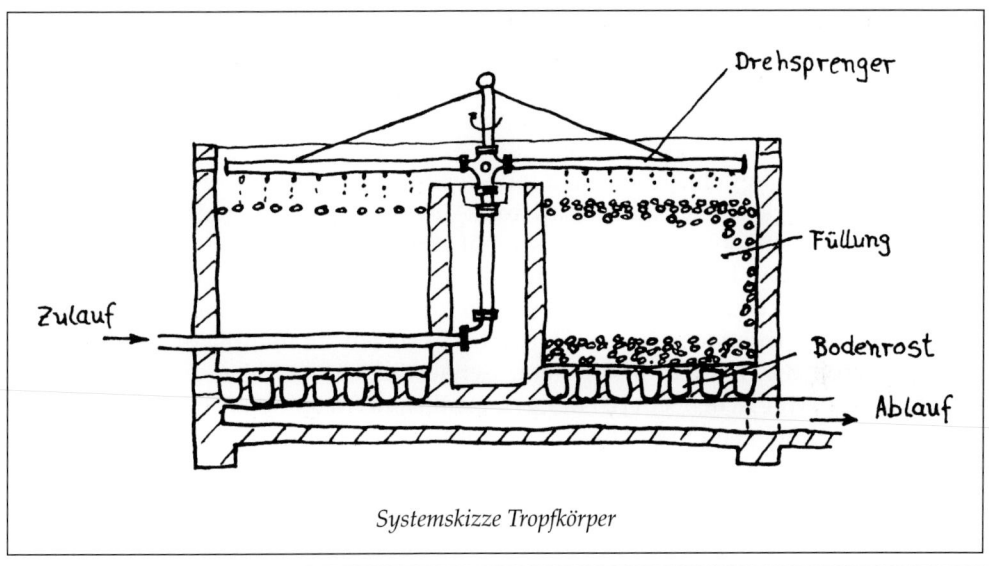

Systemskizze Tropfkörper

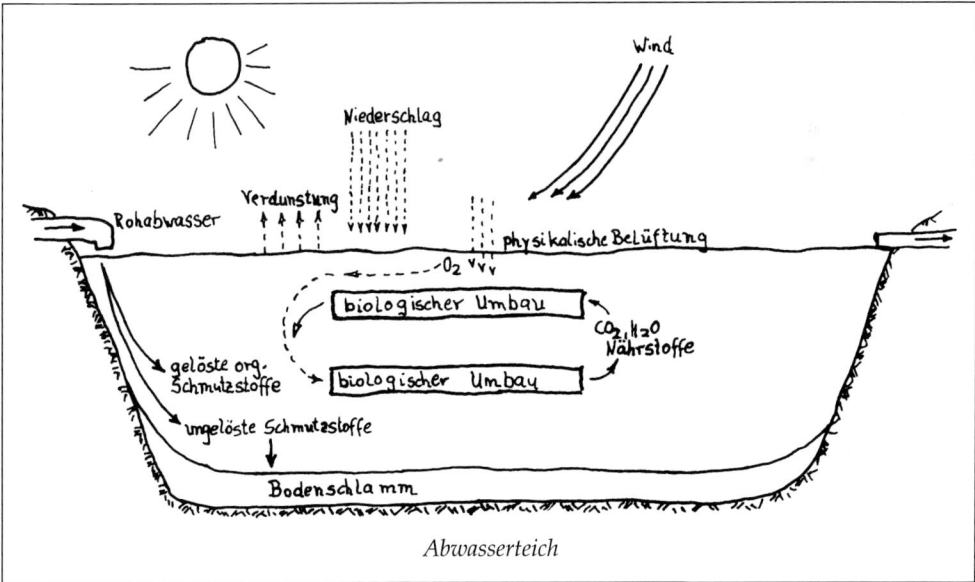

Abwasserteich

Tropfkörperfiltrates verteilt. Anschließend rieselt das Abwasser über eine Bakterien-schicht, den sogenannten biologischen Rasen, der sich auf den Steinen gebildet hat. Die Bakterien bewerkstelligen hier den biologischen Abbau der organischen Abwas-serinhaltsstoffe. Das so biologisch gereinigte Abwasser fließt durch den Bodenrost zum Ablauf und von dort zu einem Nachklärbecken. Im Nachklärbecken werden gegebenenfalls ausgespülte Feststoffe aus dem Tropfkörperfiltrat zurückgehalten.

Abwasserteiche

Ein Abwasserteich besteht aus einem mindestens 1,2 m tiefen, künstlich oder natürlich abgedichteten Becken. Der Teich wird mit Abwasser gespeist und nicht künstlich belüftet. Die Sauerstoffversorgung geschieht durch natürliche Umwälzung an der Teichoberfläche. Die biologische Reinigung erfolgt durch Bakterien, die Sauerstoff benötigen. Die Teiche müssen so ausgelegt werden, daß sie eine Mindestwasserfläche von 20 m^2 pro Einwohner erreichen. Durch das Absetzen der im Abwasser enthaltenen Feststoffe muß der Teich in bestimmten Zeitabständen entschlammt werden. Aufgrund des großen Flächenbedarfs, der gelegentlich auftretenden Geruchsbelästigung sowie der kostspieligen Entschlammung und Abdichtung sind Abwasserteiche heute kaum mehr in Verwendung.

Pflanzenkläranlagen

Der Abbau der organischen Kohlenstoffverbindungen und der Stickstoffverbindungen erfolgt bei Pflanzenkläranlagen durch die Filterwirkung und das Bindungsvermögen des Bodens. In den obersten Bodenschichten bildet sich eine Schicht, ähnlich dem sogenannten biologischen Rasen. Dort siedeln die Mikroorganismen und bewerkstelligen unter Nutzung der vorhandenen Sauerstoffreserven den Ab- bzw. Umbau von Kohlenstoff- und Stickstoffverbindungen. Der Zuwachs der Biomasse bleibt im Bodenfilter und wird dort mineralisiert.

Der Abbau von Phosphor geschieht im wesentlichen durch chemisch-physikalische Festlegung im Boden. Tenside werden ebenfalls im Boden fixiert. Die Abbaubarkeit ist in erster Linie von der Aufenthaltsdauer abhängig. Diese ist für mittelharte Tenside mit fünf Tagen anzunehmen. Diese Zeitdauer entspricht der Aufenthaltsdauer in der Pflanzenkläranlage.

Die Filterwirkung des Bodens sowie die keimtötende Wirkung des Sauerstoffs und der Wurzelausscheidungen sind für die außerordentlich guten Abbauleistungen von Krankheitserregern bei Pflanzenkläranlagen verantwortlich.

Da dieses Buch primär für den kontrollierten Selbstbau von Pflanzenkläranlagen geschrieben wurde, ist dem Reinigungsverfahren der Pflanzenkläranlagen ein eigenes, ausführliches Kapitel gewidmet.

Um noch einmal den Unterschied zwischen der mechanischen und der biologischen Abwasserreinigung zu verdeutlichen, wird auf die unterschiedliche Reinigungsleistung der beiden Systeme hingewiesen.

Biologische Abbauraten	
mechanische Abwasserreinigung	25%
biologische Abwasserreinigung	90–95%

Links mechanisch vorgereinigtes, rechts biologisch geklärtes Abwasser

Chemische Abwasserreinigung

Der Einsatzbereich der chemischen Abwasserreinigung liegt vor allem bei der Reinigung industrieller Abwässer sowie bei großen Verbandskläranlagen. Da sie für Kleinkläranlagen nicht interessant ist, wird sie in diesem Buch nicht weiter behandelt.

ABWASSERBEHANDLUNG MIT PFLANZENKLÄRANLAGEN

Pflanzenkläranlagen sind keine neue Form der Abwasserbehandlung, sie werden vielmehr schon jahrzehntelang in unterschiedlichsten Varianten eingesetzt. Den Gewässerkundlern war schon immer bekannt, daß Pflanzen mineralische Nährstoffe, die ja im Abwasser reichlich vorhanden sind, direkt aus dem Wasser beziehen.

Ursprünglich wurde versucht, die Abwasserinhaltsstoffe in unbepflanzten Böden oder Teichen durch Mikroorganismen ab- bzw. umzubauen.

ENTWICKLUNG VON PFLANZENKLÄRANLAGEN

Seit den sechziger und siebziger Jahren versuchten SEIDEL und KICKUTH dieses Wissen für die Abwasserreinigung in Form von Pflanzenkläranlagen nutzbar zu machen. Dabei gingen beide Forscher unterschiedliche Wege bezüglich des Filtersubstrates.

SEIDEL bevorzugte hydraulisch sehr gut durchlässige Böden und kaskadenförmig angeordnete Mehrbeckenanlagen. Dadurch sollte die Verstopfungsgefahr durch Schwebstoffeintrag ausgeschlossen bzw. der Sauerstoffeintrag in die einzelnen Becken erhöht werden.

KICKUTH ging davon aus, daß Pflanzen durch das Luftleitgewebe große Sauerstoffmengen in den Boden einbringen. Die starken und weit verzweigten Wurzelsysteme der unterschiedlichen Sumpfpflanzen können den Boden derart auflockern, daß er für Abwasserströme durchlässiger wird. Daher empfahl KICKUTH eher bindige Böden. Als Filtermaterial wurde häufig Lehm oder Torf vorgeschlagen, weil durch diese Substanzen die Aufenthalts- bzw. Kontaktzeit mit den Mikroorganismen verlängert wird.

Beide Forscher bevorzugten homogenes Bodenmaterial für ihre Pflanzenkläranlagen. Das vorgereinigte Abwasser wurde punktuell an einer Stelle in die Pflanzenbecken eingeleitet und sollte den gesamten Bodenkörper bis zum Ablauf mit leichtem Gefälle durchfließen.

> **Die ersten Pflanzenkläranlagen wurden als horizontal durchströmte Becken ausgeführt.**

Beide Forscher schrieben den Pflanzen entscheidende Bedeutung bezüglich der Reinigungsleistung zu. Dies führte in Abwasserfachkreisen beinahe zu einem Glaubenskrieg über Funktionsweise und Einsatzmöglichkeit von Pflanzenkläranlagen. In den achtziger und neunziger Jahren wurden zahlreiche Forschungsanlagen errichtet und eingehend untersucht. Damit wurde ein wesentlicher Beitrag zur Versachlichung dieses Themas geleistet. Die Forschungsarbeiten konzentrierten sich auf die Verbesserung der Böden bzw. des Filtermaterials und die Art der Abwasserverteilung im Pflanzenbecken.

Die von KICKUTH favorisierten Bodenfilter neigten in der Praxis zur Verstopfung und zu einem oberflächigen Ablauf des Abwassers. SEIDEL wählte für ihre Becken grobe Kieskörnungen (4 bis 8 mm). Im Einlaufbereich wurden noch gröbere Kornfraktionen verwendet. Beide Filtertypen erreichten nicht die gewünschte lange Aufenthaltzeit des Abwassers im Bodenfilter. Ein weiteres Problem war vor allem bei den bindigeren Böden die Gefahr von Kurzschlußströmungen, d.h., das eingeleitete Abwasser suchte sich den Weg des geringsten Widerstandes im Becken. Dies führte dazu, daß große Teile des Filtermaterials zur Abwassereinigung nicht genutzt wurden.

Aus den Problemen der ersten Anlagen ließen sich für die Weiterentwicklung von Pflanzenkläranlagen eindeutig zwei Verbesserungsmöglichkeiten ableiten:

- Das Filtermaterial mußte auf die optimale Körnung untersucht und optimiert werden.
- Die punktuelle Einleitung des Abwassers in den bepflanzten Bodenfilter sollte durch eine flächenhafte Verteilung verbessert werden.

Filtersubstrat

Das Filtrat im bepflanzten Bodenkörper soll zwei Bedingungen erfüllen, welche – genau betrachtet – im Widerspruch zueinander stehen. Einerseits muß der Bodenfilter gut durchlässig sein, damit langfristig die gesamte tägliche Abwassermenge aufgenommen werden kann. Der Filter darf nicht verstopfen, es sollen sich keine Abwasserpfützen bilden. Andererseits darf das Filtermaterial nicht zu grob gewählt werden. Ein feinkörnigeres Filtrat erhöht die Gesamtfläche, die als Aufwuchsgebiet für die Mikroorganismen dient. Außerdem wird durch feinkörniges, bindiges Material die Aufenthaltszeit im Becken verlängert, so daß die Bakterien genügend Zeit haben, die notwendigen Ab- und Umbauarbeiten durchzuführen.

Die Durchlässigkeit des Filtermaterials wird durch den Durchlässigkeitsbeiwert k_f ausgedrückt. Er gibt in m/s an, mit welcher Geschwindigkeit das Abwasser durch den Bodenfilter fließt. Diese Geschwindigkeit hängt natürlich entscheidend von den Korngrößen und dem Bindungsvermögen des Filtermaterials ab. Die Körnung eines Bodenmaterials wird in den Sand- und Schotterwerken durch Sieben bestimmt. Jedem Sand und Kies kann auf diese Art eine Sieb- oder Körnungslinie zugeordnet werden.

Die zahlreichen Untersuchungsergebnisse in den achtziger und neunziger Jahren haben eindeutig belegt, daß Sande der Körnungen 0–4 mm oder 0–8 mm sowohl befriedigende Abbauleistungen erbringen als auch die hydraulische Durchlässigkeit des Abwassers durch den Bodenfilter gewährleisten. In der Regel wird bei den unterschiedlichen Anlagentypen neben dem oben erwähnten Sand ein weiteres Material gröberer Korngröße verwendet. Dadurch soll eine bessere Verteilung im Einlauf- und Ablaufbereich der Anlage erreicht werden.

Verteilung des Abwassers

Wie schon erwähnt, wurden die ursprünglichen Bodenfilter horizontal vom Abwasser durchströmt. Bei Horizontalfiltern fließt das Abwasser kontinuierlich an einer definierten Stelle in das Pflanzenbecken. Der Nachteil dieses Bautyps liegt darin, daß nur ein Bruchteil des gesamten Bodenfilters für die Abwasserreinigung ausgenützt wird. Soll die Ausnutzung des Bodenfilters verbessert werden, so ist eine Verteilung des Abwassers möglichst an der Filteroberfläche erforderlich. Um eine Verteilung des mechanisch vorgereinigten Abwassers an der gesamten Filteroberfläche zu erreichen, ist eine stoßweise Beschickung des Bodenfilters notwendig. Man spricht hierbei auch von Intervall- oder intermittierender Beschickung, da das Abwasser in genau festgelegten Zeitabschnitten oder Intervallen durch das Beschickungssystem zum Bodenfilter geleitet wird. Im Pflanzenbecken selbst wird das Abwasser über ein Rohrleitungssystem auf der Filteroberfläche verteilt. Die Beschickung muß stoßweise erfolgen, da sich bei kontinuierlichem Zufluß das Abwasser auch in einem Rohrleitungssystem nicht gezielt verteilen würde.

> **Pflanzenkläranlagen nach Stand der Technik sind als vertikal durchströmte, intermittierend beschickte Bodenfilter zu konzipieren.**

Die biologische Reinigung des Abwassers vollzieht sich in erster Linie in den oberen Bodenschichten. Dort bildet sich eine Art biologischer Rasen am Filtermaterial, und die dort lebenden Mikroorganismen finden günstige sauerstoffreiche Bedingungen vor.

Der Durchfluß des Abwassers durch den Bodenfilter erfolgt nunmehr vertikal, d.h., das aufgebrachte Abwasser fließt von oben nach unten durch den Filterkörper und über eine Abflußdrainage zum Ablauf des Filterbeckens. Vertikal durchströmte Pflanzenbecken benötigen weniger Platz bzw. Filtervolumen, um die gleiche Reinigungsleistung zu erzielen wie horizontal durchströmte Becken. Je nach erforderlicher Reinigungsleistung sind ca. 3 bis 5 m² pro Einwohner bei vertikaler Durchströmung bzw.

8 bis 10 m² pro Einwohner bei horizontaler Durchströmung des Pflanzenbeckens zu veranschlagen.

PFLANZENKLÄRANLAGE ALS BIOLOGISCHE HAUPTREINIGUNGSSTUFE

Bodenfilteranlagen, Abwasserverregnungsanlagen oder Abwasserteiche sind schon lange Möglichkeiten einer naturnahen Abwasserbehandlung im ländlichen Raum. Die Erkenntnisse aus all diesen Verfahren haben es letztendlich ermöglicht, einen funktionstüchtigen Typ von Pflanzenkläranlagen zu entwickeln, der auch in der Lage ist, die strengen österreichischen Vorschriften einzuhalten. Die Pflanzenkläranlage selbst ist durch eine enorme Vielfältigkeit von Systemen gekennzeichnet, was sich auch in unterschiedlichen Namen, wie Wurzelraumentsorgung, bepflanzter Bodenfilter, Schilf–Binsenanlage etc., widerspiegelt. Heute werden die verschiedenen Leistungsanforderungen an die Abwasserreinigungsanlagen auch durch die Wahl von speziellen Anlagenanordnungen erreicht. Es können zum Beispiel mehrere Becken parallel und vertikal beschickt werden. Andererseits können die Becken auch hintereinander geschaltet werden, wobei üblicherweise die erste Stufe vertikal und das zweite Becken horizontal durchströmt wird.

Nachdem sich die sehr kontroversiell geführte Diskussion um die Pflanzenkläranlagen in der Vergangenheit heute zunehmend versachlicht hat, kristallisieren sich sinnvolle Einsatzgebiete dieses naturnahen Abwasserreinigungssystems heraus. Da die Pflanzenkläranlagen gegenüber technischen Reinigungssystemen den Nachteil eines relativ hohen Flächenverbrauchs haben, ist ihr Einsatz natürlich vor allem im ländlichen Raum von Bedeutung. Hier stehen in der Regel die entsprechenden Flächen zur Verfügung. Pflanzenkläranlagen eignen sich als biologische Hauptreinigungsstufe für die häuslichen Abwässer von Einzelhäusern, Häusergruppen, kleinen Weilern und Dörfern. Besonders interessant ist ihr Einsatz für kleinere Gewerbebetriebe wie zum Beispiel bäuerliche Ab-Hof-Schlachtbetriebe, ferner für Abwässer aus Milchkammern, Gasthäusern in Einzellage, Schutzhütten, Käsereien, Tankstellen, Campingplätzen etc. Weiters werden Pflanzenkläranlagen auch als zusätzliche Nachreinigungsstufe nach technischen Anlagen eingesetzt.

Im folgenden wollen wir uns mit jenem Anlagentyp beschäftigen, der in Österreich (Steiermark) seit Mai 1993 wasserrechtlich bewilligungsfähig ist und dem letzten Stand der internationalen Forschung entspricht.

BAUBESTANDTEILE EINER PFLANZENKLÄRANLAGE

Grundsätzlich besteht dieser Typ von Pflanzenkläranlage aus drei Baubestandteilen, nämlich der mechanischen Vorreinigung, der Intervallbeschickung und dem bepflanzten Bodenfilter.

Mechanische Vorreinigung

Im häuslichen Abwasser sind Schwimm- und Absetzstoffe enthalten, die mechanisch vorgereinigt werden müssen, um eine Verstopfung der Pflanzenkläranlage zu verhindern. Ungelöste Teile wie Öle und Fette bilden in einem Absetzschacht eine Schwimmdecke. Fäkalien, Gemüsereste, Sand und Erdpartikel setzen sich am Boden ab. Unter vielen Möglichkeiten der mechanischen Vorreinigung werden die – nach den Erfahrungen der Autoren – zwei wichtigsten Arten beschrieben.

Mehrkammerfaulgrube

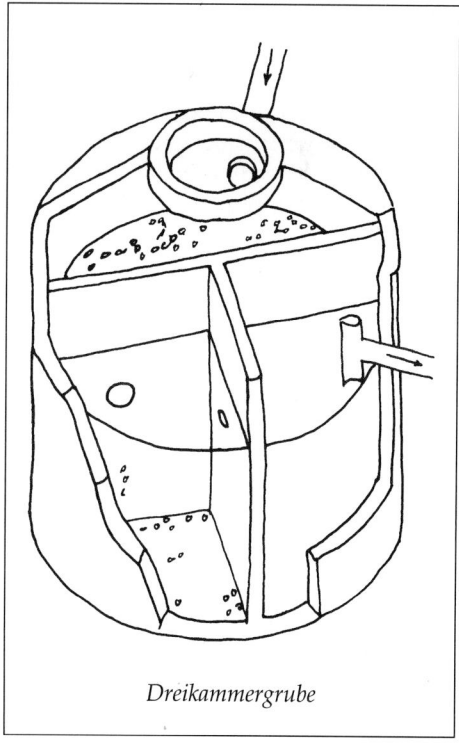

Die gängigste Form einer Mehrkammerfaulanlage ist eine Dreikammergrube, welche in Rechteckbauweise oder in Rundbauweise mit Betonfertigteilen errichtet werden kann. Die erste Kammer beansprucht die Hälfte des gesamten Vorklärungsvolumens, die zweite und dritte Kammer jeweils ein Viertel des Gesamtvolumens.

Der Volumensbedarf für Kleinstkläranlagen sollte 0,5 m³ pro Einwohner betragen. Für größere Kläranlagen sind 0,25 m³ pro Einwohnerwert eine untere Grenze. Bei einer Auslegung von 0,5 m³ pro Einwohner kann man davon ausgehen, daß eine Klärschlammentnahme einmal jährlich zu erfolgen hat. Demzufolge bringt eine Auslegung von 0,25 m³ pro Einwohner den Nachteil mit sich, die Dreikammergrube zweimal im Jahr entleeren zu müssen. Die Wassertiefe in der Dreikammergrube sollte mindestens einen Meter betragen. Die

Dreikammergrube

Durchlässe von der ersten zur zweiten und von der zweiten zur dritten Kammer sollten auf zwei Drittel der Wasserstandshöhe angeordnet sein, wenn es in der Planung nicht anders vorgesehen ist. Die Kammern untereinander müssen nicht absolut wasserdicht hergestellt sein. Die Dichtheit der Dreikammergrube gegenüber dem Außenraum ist indessen zu fordern.

Prinzipiell können bestehende Sammelgruben als Dreikammergrube durch das Errichten von Betontrennwänden adaptiert werden. Dabei müssen aber die Dichtheit und die Möglichkeit der Klärschlammentnahme aus allen drei Kammern gewährleistet sein. Die Dichtheitsprobe wird von einem Fachkundigen nach einem gängigen Normverfahren durchgeführt. Um selbst zu prüfen, ob die Sammelgrube noch dicht ist, sollte man den Wasserstand an einer leicht zugänglichen Stelle markieren, die Wasserzufuhr unterbinden und nach ca. 10 Stunden den Wasserstand erneut ablesen. Wenn es in der Zwischenzeit zu keiner Absenkung des Pegelstandes gekommen ist, kann davon ausgegangen werden, daß die Grube dicht ist.

An dieser Stelle soll ausdrücklich auf die Gefahr bei Arbeiten an oder in Sammelgruben hingewiesen werden. Durch das angefaulte Abwasser entstehen in der Grube giftige Schwefelwasserstoffdämpfe, die zu schweren Unfällen durch Ersticken führen können.

Arbeiten in Sammelgruben sind nur unter besonderen Schutzmaßnahmen und immer im Beisein von mindestens zwei weiteren Personen durchzuführen!

Filtersackanlage

Zur Reduktion von Schwimm- und Feststoffen im Abwasser kann auch eine mechanische Vorreingung durch das Filtersacksystem durchgeführt werden. Sämtliche häuslichen Abwässer werden dabei durch nicht verrottbare Gewebesäcke mit maximal 2 mm Maschenweite geleitet. Das eingeleitete Abwasser kann wahlweise mittels eines Steckschiebers auf zwei mit 5% Gefälle verlegte Rohrstränge verteilt werden. Die Filtersäcke sind mit ihren Aufhängungen nacheinander unter diesen Rohrsträngen angeordnet. Bei Vollfüllung des ersten Filtersackes wird automatisch der darauffolgende Sack beschickt. Durch die Umschaltmöglichkeit ergeben sich im nicht beschickten Strang genügend lange Abtropfzeiten für die vollgefüllten Säcke, um eine erhebliche Volumensreduktion des Filtersackmaterials zu erreichen. Da die Filtersäcke nicht eingestaut sind, herrschen an der äußeren Schicht des Filtersacks ständig aerobe Verhältnisse; ein Zustand, der die Vorverrottung des Filtersackgutes begünstigt und die Geruchsemissionen gering hält.

Filtersackanlage

Man benötigt pro Einwohner und Jahr einen Filtersack, der ca. 25 kg Filtersackgut aufnehmen kann. Nach der Filtersackanlage ist ein zusätzlicher Absetzraum von ca. 50 l pro Einwohner zu schaffen. In diesem Absetzraum können sich aus den Filtersäcken ausgeschwemmte Grobstoffe absetzen. Außerdem bietet der Absetzraum im Falle der Beschädigung eines Filtersackes zusätzliche Sicherheit. Ein weiterer, nicht zu vernachlässigender Grund für das Vorhandensein eines Absetzraumes nach den Filtersäcken besteht in der Tatsache, daß dadurch ein leichtes Anfaulen des Abwassers erfolgt, das sich positiv auf die anschließende biologische Reinigung des mechanisch vorgereinigten Abwassers auswirkt.

Die Filtersackanlage wird üblicherweise in einen Betonschacht eingebaut. Dieser Schacht kann in Rechteckbauweise oder in Rundbauweise mit Betonfertigteilen errichtet werden. Der nachgeschaltete Absetzraum wird am einfachsten am Boden der Filtersackkammer vorgesehen.

Filtersackanlagen eignen sich bis zu einer Haushaltsgröße von ca. 10 Personen als mechanische Vorreinigung. Die Entnahme der Filtersäcke erfolgt von oben, dabei ist ein Einsteigen in den Filtersackschacht nicht notwendig. Die Filtersackanlagen sind ursprünglich für die Abwasserreinigung von Schutzhütten im alpinen Hochgebirge entwickelt worden. Die Manipulation mit den Filtersäcken wird teilweise von Betreibern der Anlagen als erhöhter Aufwand angesehen. Die Errichtungskosten einer Filtersackanlage sind höher als die einer Drei- oder Mehrkammerfaulgrube. Aus diesen Gründen ist der Einsatz von Filtersackanlagen als Vorreinigungsstufe eher gering bzw. rückläufig.

Intervallbeschickung

Die intervallweise oder auch intermittierende Beschickung bewirkt einen stoßweisen Eintrag von mechanisch vorgereinigtem Abwasser in den bepflanzten Bodenfilter. Örtlich gesehen liegt die Intervallbeschickung deshalb immer zwischen der mechanischen Vorreinigung und der Pflanzenkläranlage. Die Intervallbeschickung hat gegenüber der kontinuierlichen Beschickung folgende Vorteile:

- Durch die stoßweise fließende Abwassermenge wird eine optimale flächenhafte Verteilung des Abwassers über die Filteroberfläche erreicht. Dadurch wird der gesamte Filterkörper besser ausgenutzt.
- Die Beschickung des Bodenfilters ist nahe der Oberfläche möglich. Dort stehen größere Sauerstoffmengen als in tieferen Bodenschichten den aeroben Bakterien zur Abwasserreinigung zur Verfügung. Zusätzlich wird bei jedem Abwasserstoß Luftsauerstoff durch den Kapillareffekt auch in tiefere Bodenschichten gesogen.
- Die stoßweise Beschickung führt zu einer Spülung der Verrieselungsrohre im Pflanzenbecken und vermindert daher die Verstopfungsgefahr der Rohre.

Grundsätzlich wird zwischen Intervallbeschickungssystemen mit und ohne Fremdenergie unterschieden.

Intervallbeschickungssysteme ohne Fremdenergie

Die Beschickung ohne Fremdenergie erfordert einen natürlichen Höhenunterschied von mindestens 150 cm zwischen dem Deckel der Dreikammergrube und dem bepflanzten Bodenfilter (siehe Zeichnung „Geländeschnitt").

Es gibt eine Vielzahl von energielosen Intervallbeschickungssystemen, von denen zwei im folgenden näher vorgestellt werden sollen.

Rohrventil

Die Intervallbeschickung wird durch ein im Intervallbeschickungsschacht installiertes Rohrventil gesteuert. Das Rohrventil bewirkt einen Aufstau des mechanisch vorgerei-

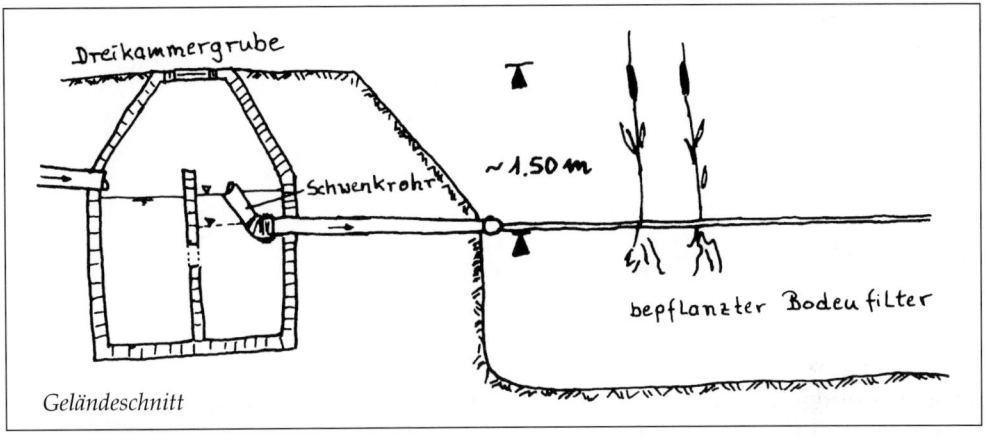

Geländeschnitt

nigten Abwassers bis zu einem definierten Pegelstand. Nach Erreichen dieses Pegelstandes kippt das Rohr aufgrund des Eigengewichtes und des Gewichtes des eintretenden Wassers bis zum unteren Anschlag. Dadurch entleert sich der Intervallbeschickungsschacht bis zum unteren Pegelstand.

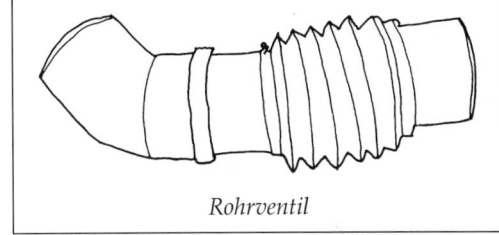

Rohrventil

Kippkübel

Das mechanisch vorgereinigte Abwasser füllt einen aus Kunststoff oder nichtrostendem Metall bestehenden Behälter. Dieser Behälter ist so auf einer drehbaren Achse gelagert, daß er kippbar ist. Bei einem bestimmten Pegelstand kippt der Kübel nach unten und entleert seinen gesamten Inhalt in kurzer Zeit. Nach der Entleerung kippt der Kübel aufgrund seines entsprechend gelagerten Schwerpunktes wieder in die Ausgangsstellung zurück.

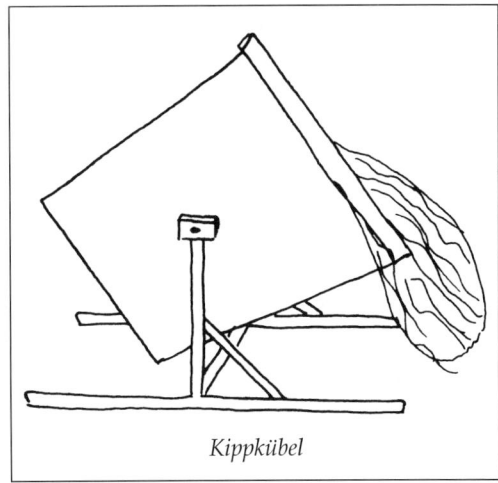

Kippkübel

Intervallbeschickung mit Fremdenergie

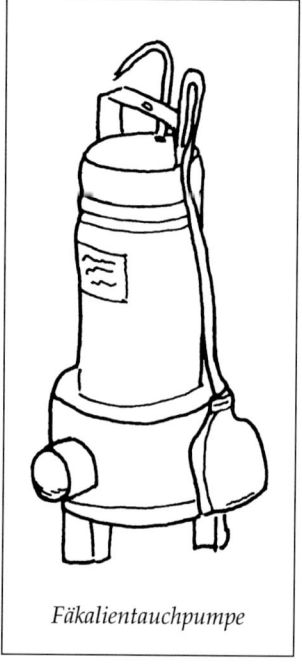

Die gängigste Intervallbeschickung mit Fremdenergie ist die Abwassertauchpumpe mit Schwimmerschaltung. Das zufließende vorgereinigte Abwasser wird bis zu einem genau definierten oberen Pegelstand aufgestaut. Ein mit der Pumpe verbundener Schwimmer setzt die Pumpe in Betrieb, welche das Abwasser stoßweise zu der nachgeschalteten Pflanzenkläranlage pumpt. Bei einem genau definierten unteren Pegelstand bewirkt der Schwimmer auch das Abschalten der Pumpe. Die Beschickungsmenge der Pumpe kann zudem durch eine Zeitschaltuhr gesteuert werden und ist damit unabhängig von der Schachtform bzw. -größe. Der Energieverbrauch der Pumpe ist sehr gering und beträgt etwa 3 kWh je Einwohner und Jahr. Bei Verwendung eines Pumpsystems zur Intervallbeschickung ist kein natürlicher Höhenunterschied zum nachgeschalteten Pflanzenbecken notwendig. Die Pumpe sollte so installiert sein, daß sie für Reinigungs- bzw. Reparaturarbeiten leicht zugänglich ist. Am besten eignet sich ein Befestigungssystem am oberen Herdring mit

Fäkalientauchpumpe

Vor- und Nachteile der Intervallbeschickungssysteme			
	Rohrventil	**Kippkübel**	**Pumpe**
Vorteile	Keine Fremdenergie	Keine Fremdenergie	Universell einsetzbar
	Einfachste Installation	Einfache Installation	Kein zusätzl. Schacht
	Kein zusätzl. Schacht	Robuste Technik	Große Auswahl
	Robuste Technik		Für alle Anlagengrößen
	Für alle Anlagengrößen		
Nachteile	Gefälle notwendig	Gefälle notwendig	Energieverbrauch
	Spezielle Anfertigung	Spezielle Anfertigung	Lebensdauer
		Zusätzl. Schacht	Zusätzl. Stromanschluß
	Kosten ++ (günstig)	Kosten – (ungünstig)	Kosten +/– (mittel)
		Nur für kleine Anlagen	

nichtrostenden Flacheisen und Schellen. Dadurch kann auch die Eintauchtiefe der Pumpe beliebig eingestellt werden. Der Abstand der Ansaugöffnung der Pumpe bis zum Schachtboden sollte mindestens 15 cm betragen. Für die Reinigung der Pumpe sollte in der Nähe ein Brauchwasseranschluß vorhanden sein. Die Stromzufuhr erfolgt über im Schutzrohr verlegte Erdkabel. Die Kabelverbindung im Schacht muß unbedingt wasserdicht ausgeführt werden. Am besten eignen sich dazu sogenannte Schrumpfmuffenverbindungen.

Intervallbeschickungsschacht

Das Intervallbeschickungssystem kann entweder in einem separaten Schacht oder direkt in der mechanischen Vorreinigung installiert werden. Letzteres führt zu einer kompakteren Bauweise und senkt die Baukosten. Der Einbau eines Pumpsystems oder des Schwenkrohres z.B. in die dritte Kammer einer Dreikammerfaulgrube ist unproblematisch. Schwieriger ist dies bei Kippkübeln oder anderen Systemen aufgrund des größeren Platzbedarfs und der beschränkten Zugänglichkeit für Wartungs- und Reparaturarbeiten. Soll die dritte Kammer einer Dreikammerfaulgrube als Intervallbeschickungsschacht fungieren, ist bei allen Intervallbeschickungssystemen die Dichtheit der Faulgrubentrennwände untereinander unbedingt vonnöten. Falls die dritte Kammer hydraulisch mit den übrigen verbunden ist, entsteht durch den Beschickungsvorgang ein Sogeffekt. Fest- und Grobstoffe können somit leichter in die dritte Kammer abgetrieben werden und damit in den Bodenfilter gelangen. Erfolgt die Beschickung aus einem eigenen Schacht, tritt dieser Sogeffekt nicht auf, und die absolute Dichtheit der Faulgrubentrennwände ist nicht mehr unbedingt erforderlich.

Der Intervallbeschickungsschacht muß wasserdicht ausgeführt werden. Ablaufseitig wird der Schacht, falls möglich, mit einem Notüberlauf zum nachgeschalteten Pflanzenbecken ausgeführt. Damit wird bei einem Ausfall des Beschickungssystems zumindest ein horizontaler Durchfluß des Pflanzenbeckens gewährleistet. Die Beschickungsmenge soll derart gewählt werden, daß das Intervallbeschickungssystem mindestens ein- bis zweimal pro Tag den bepflanzten Bodenfilter mit mechanisch vorgereinigtem Abwasser beschickt.

Bepflanzter Bodenfilter

Der bepflanzte Bodenfilter oder das Pflanzenbecken ist ein entsprechend den vorliegenden Planunterlagen ausgehobenes Becken, welches gegenüber dem Untergrund und der Umgebung abgedichtet ist. Zur Abdichtung können unterschiedliche Verfahren zur Anwendung kommen. Das Becken kann zum Beispiel mit Beton, Kunststoffwannen, Teich- oder Deponiefolien oder Lehmschlag abgedichtet werden. Wichtig für die Abdichtung ist, daß sie langfristig wasserdicht und vor allem abwasserbeständig ist.

In der Praxis wird in den meisten Fällen eine Folienabdichtung verwendet. Sämtliche sichtbaren Steine und Wurzeln werden vor dem Verlegen der Folie aus den Filterbecken entfernt. Falls durch spitze Steine oder änliches eine Beschädigung der Folie befürchtet werden muß, ist eine Sandausgleichsschicht einzubringen und/oder die Folie mittels Baufließ zu schützen. Der Aufbau des Filtermaterials ist den Planungsunterlagen zu entnehmen.

Verwenden Sie für das Filtermaterial nur gewaschene Materialien. Denn nur dadurch ist eine langfristige Durchlässigkeit des Bodenfilters gewährleistet.

Als Dimensionierung für den bepflanzten Bodenfilter sind im Normalfall 5 m³ Filtermaterial pro Einwohner vorgesehen.

Das Becken ist mit einem Längs- und Quergefälle zum Auslauf orientiert. Es besteht die Möglichkeit, direkt im Bodenfilter den erforderlichen Kontrollschacht zu errichten. In diesen Schacht wird auch eine Einrichtung zur Regulierung der Einstauhöhe eingebaut. Natürlich ist es auch möglich, einen eigenen Kontrollschacht nach dem bepflanzten Bodenfilter zu bauen. Dies bietet den Vorteil einer leichteren Probenentnahme und unter Umständen auch die Möglichkeit, Ablaufmengenmessungen durchzuführen.

Das Verteilungssystem

Die Verteilung des vorgereinigten Abwassers auf die Oberfläche des bepflanzten Bodenfilters wird durch ein Rohrleitungssystem erreicht. Dabei können die notwendigen Rohre in unterschiedlicher Weise verlegt werden. In der Praxis hat sich ein Verteilungssystem bewährt, bei dem das Abwasser von der Intervallbeschickung in eine Querverteilungsrinne fließt und von dort in dazu senkrecht stehende, im Abstand von ca. 1 m parallel verlaufende Längsverteilerrohre geleitet wird. Die Verrieselungslöcher befinden sich an der Sohle der Längsverteilungsrohre. Abstand und Querschnitt der Verrieselungslöcher sind in den Planungsunterlagen enthalten, sie sind unter anderem abhängig von der Länge und der Querschnittsfläche der Verrieselungsrohre.

Die Dimensionierung des Verteilungs- und Intervallbeschickungssystems ist wesentlich für die Funktionsfähigkeit einer Pflanzenkläranlage und sollte auf jeden Fall von einer fachkundigen Person vorgenommen werden.

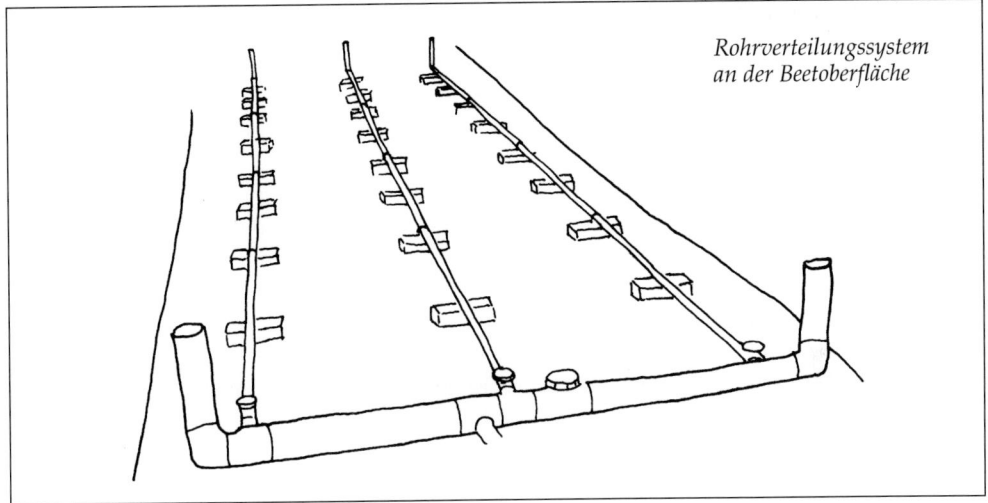

*Rohrverteilungssystem
an der Beetoberfläche*

Das Gesamtverteilungssystem sollte etwa zwei Drittel der Oberfläche des Bodenfilters erreichen. Zwischen Verrieselungsrohr und Bodenfilter liegt im Abstand von ca. 5 cm ein Luftpolster. Dazu werden die Verrieselungsrohre auf Betonsteine gelegt, fixiert und abgedeckt. Das Luftpolster vermindert die Verstopfungsgefahr der Verrieselungslöcher vor allem im Winterbetrieb. Die Enden der Verrieselungslöcher werden über Bodenniveau gezogen und die Öffnungen mit Fliegengitter oder Bauvlies abgedeckt. In jeden Strang des Verrieselungssystems wird ein Putzstück eingebaut. Durch die Verteilung des Abwassers an der Beetoberfläche wird eine vertikale Durchströmung des Bodenkörpers und eine bessere Ausnutzung des gesamten Filtermaterials erreicht.

Die Bepflanzung

Die Pflanzen, denen dieses naturnahe Abwasserreinigungssystem seinen Namen verdankt, waren der eigentliche Anlaß des Glaubenskrieges zwischen den sogenannten „Grünen Spinnern" und der sogenannten „Betonlobby". Die Wahrheit liegt – wie so oft – in der Mitte. Um es vorwegzuschicken, die Pflanzen sind nicht in der Lage, aus Kloakenwasser reines, belebtes Trinkwasser zu produzieren. Der Anteil der Pflanze an der Reinigungsleistung einer Pflanzenkläranlage wurde lange Zeit – und wird teilweise noch immer – überschätzt. Eine Pflanzenkläranlage derzeitiger Bauart kann sogar ohne Bepflanzung in Betrieb genommen werden, ohne daß eine schlechte Reinigungsleistung zu erwarten wäre. Trotzdem sind die Pflanzen für die Steigerung der Reinigungsleistung, den Langzeitbetrieb einer Pflanzenkläranlage und die zumindest teilweise Verdunstung des Abwassers von entscheidender Bedeutung.

Reinigungsleistung der Pflanzen

Sumpfpflanzen, wie etwa das in Bodenfiltern hauptsächlich verwendete Schilfrohr
(*Phragmites australis*), nehmen den Sauerstoff aus der Umgebungsluft auf und transportieren ihn durch ein spezielles Luftleitsystem bis in den Wurzelbereich. Ein Teil des
Sauerstoffs wird über die Wurzeln an die Umgebung abgegeben. Der Eintrag von Sauerstoff über die Wurzeln beträgt im Jahresdurchnitt 5 g pro m² und Tag, dies entspricht
immerhin 15 Litern Luft. Die Sauerstoffabgabe sorgt für die Oxidation von Stoffen, die
für die Pflanze giftig wirken, wie zum Beispiel bestimmte Schwermetalle und Schwefelwasserstoff. In Wurzelnähe des Schilfs steigt die Dichte der zur Abwasserreinigung
notwendigen Organismen sprunghaft an und ist weit höher als in unbepflanzten Böden.

Die Aufnahme von Nährstoffen (z.B. Stickstoff) über das Wurzelsystem trägt zu einer Steigerung der Reinigungsleistung bei. Die Aufnahme ist allerdings auf die Vegetationsperiode begrenzt.

Langzeitbetrieb

Die Durchwurzelung des Bodenfilters mit Schilf oder anderen Sumpfpflanzen trägt
wesentlich zu einem gesicherten Langzeitbetrieb der Pflanzenkläranlage bei. Schilf ist
in der Lage, in die Tiefe und in die Breite zu wachsen. Dabei kann der Boden über zwei
Meter tief durchwurzelt werden. Die Durchwurzelung des Bodens nimmt allerding einige Jahre in Anspruch. Dabei ist es vorteilhaft, den Wasserstand im Pflanzenbecken
möglichst gering zu halten. Die Wurzeln streben dann leichter in die Tiefe. In einer gut
bewachsenen Pflanzenkläranlage wurden schon über 1800 Wurzeln mit einem mittle-
ren Durchmesser von 9 bis 13 mm pro m² ermittelt.

In das Pflanzenbecken werden trotz mechanischer Vorreinigung permanent Trüb-
und Sinkstoffe eingebracht, die langfristig den unbepflanzten Bodenfilter verstopfen
würden. Bei unbepflanzten Filtern bilden sich nach einer bestimmten Zeit undurch-
lässige, dünne Schichten, die den Abfluß weiterer Abwasserströme verhindern. Durch
das Wurzelwachstum vor allem in der Vegetationsperiode werden diese Schichten immer wieder zerstört bzw. aufgeschlossen. Durch den Einfluß von Wind und Regen entsteht eine Pendelbewegung der oberirdischen Schilfhalme. Dies führt wiederum dazu,
daß das Abwasser entlang der Halme in tiefere Schichten gelangen kann.

> **Die Sickerfähigkeit des Bodenfilters kann langfristig nur durch einen dichten
> Pflanzenbestand erhalten werden. Ein nicht bepflanzter Filter wird nach einer
> gewissen Betriebsdauer unweigerlich verstopfen.**

Durchwurzelung des Bodenfilters

Schilf

Verdunstung

Konventionelle Kläranlagen weisen unter der Voraussetzung der Dichtheit sämtlicher Anlagenteile einen gleich großen Zu- wie Ablauf von Abwasser auf.

Abwasserspitzenbelastungen oder Starkniederschlagsereignisse werden in der Regel wenig bis gar nicht abgepuffert. Dies verhält sich bei Pflanzenkläranlagen völlig anders. Über die Blattoberfläche der Schilfpflanzen können in der Vegetationsphase außergewöhnlich große Wassermengen verdunstet werden. Die Verdunstung hängt dabei von einigen kleinklimatischen Faktoren ab und kann von Fall zu Fall erheblich schwanken. Eine sonnenbegünstigte, dem Wind ausgesetzte Lage des Pflanzenbeckens steigert die Verdunstung enorm. Die durchschnittliche jährliche Verdunstung pro m^2 Schilffläche kann mit 1000 Liter Wasser angenommen werden. Damit werden ca. 25% des jährlichen Abwasseranfalls von der Kläranlage verdunstet. Die Jahresverdunstung sagt allerdings wenig über Spitzenverdunstungsleistungen an heißen Sommertagen aus. Die Praxis hat gezeigt, daß es in langen niederschlagsfreien Perioden schon zu vollkommen abflußlosen Pflanzenbecken gekommen ist. So wurden sämtliche anfallenden häuslichen Abwässer über die Pflanzenkläranlage verdunstet. Dies ist deshalb von besonderer Bedeutung, weil die Verdunstungsleistung der Pflanzenanlagen genau dann zur Wirkung kommt, wenn die Vorfluter ebenfalls eine schwache Wasserführung aufweisen. Genau genommen sollten bei einem Leistungsvergleich zwischen Pflanzenkläranlagen und konventionellen technischen Anlagen die Verdunstungsleistungen Berücksichtigung finden. Immerhin werden bei naturnahen Systemen durchschnittlich 25% weniger Abwasserfracht von der Kläranlage in die Umwelt entlassen. Es muß allerdings auch festgehalten werden, daß eine ganzjährige Verdunstung sämtlicher Abwässer mit einer Pflanzenkläranlage nicht zu erreichen ist. Somit muß davon ausgegangen werden, daß eine Pflanzenkläranlage biologisch gereinigtes Abwasser – wenn auch unter Umständen nicht über das ganze Jahr – an die Umwelt abgibt.

Die Bepflanzung des Bodenfilters erfolgt in der oberen Zone, wobei pro Quadratmeter fünf Wasserpflanzen, in erster Linie Schilf und Rohrkolben, gesetzt werden. Diese Pflanzen transportieren über ein Luftleitgewebe Sauerstoff auch in tiefere Bodenschichten. In den Randbereichen können auch andere Sumpfpflanzen gesetzt werden. Es gibt über 150 zur Bepflanzung geeignete Arten. Stellvertretend dafür sollen anschließend die folgenden vorgestellt werden:

Das Schilf (*Phragmites australis*)

Das Schilf ist die einzige Art der Sumpfpflanzen, die mit den Wurzeln oder Rhizomen vertikal und horizontal wandert. Dabei wird der Boden durch die Wurzeln bis über 2 m tief aufgeschlossen. Das Schilf ist eine Halblichtpflanze und kommt vermehrt an stickstoffreichen Standorten vor. Setzt es sich nach einer Anwachsphase einmal durch, ist es an diesem Standort immer herrschend und verdrängt andere Arten. Im Abwasser wächst das Schilf wie in seinem natürlichen Standort. Neben der Eigenschaft, hohe organische Belastung vertragen zu können, gilt das Schilf als Nährstofffresser. In Schilfbeständen von abwasserbeeinflußten Standorten kann es zu erhöhtem Blattlausbefall kommen. Marienkäfer sorgen allerdings für eine Dezimierung des Schädlings. Bei einem Nährstoffüberangebot wachsen die Pflanzen sehr schnell und weisen ein weniger gut ausgeprägtes Festigungsgewebe auf. Sie können leichter umknicken. Der Flächenzuwachs beträgt ca. 3 m^2 pro Jahr. Der Wurzel- und Rhizomzuwachs beträgt 3 bis 6 kg Trockensubstanz pro Jahr und m^2 sowie 200 Triebe pro m^2.

Der Rohrkolben *(Typha latifolia)*

Der breitblättrige Rohrkolben ist gekennzeichnet durch seinen braunen Kolben, in dem die Samen zur Vermehrung aufgehoben sind. Auf feuchten, lehmigen Böden kann er sich zu Tausenden aussamen, keimen und schnell wachsen, so die entsprechende Konkurrenz fehlt. Der Rohrkolben ist eher ein Flachwurzler und wird durch Schilf und Teichbinse zurückgedrängt. Vorteilhaft ist sein Einsatz bei eher flachen, horizontal durchströmten Pflanzenbecken. Der Rohrkolben kann wie auch das Schilf bis zu 2 m hoch wachsen und transportiert hohe Einträge von Sauerstoff in den Wurzelbereich. Die starken Rhizome sind empfindlich gegen Druck und Trockenheit. Der Flächenzuwachs beträgt etwa 7 m^2 pro Jahr.

Der Kalmus *(Acorus calamus)*

Der Kalmus stammt ursprünglich aus Südasien und ist gekennzeichnet durch seinen schraubigen Blütenkolben. Kalmus wächst sehr gut in nährstoffreichem Abwasser. Die Rhizome können eine Stärke von mehreren Zentimetern entwickeln. Aus Rhizomen und Blättern des Kalmus gewinnt man eine Magen- und Schleimhautmedizin, welche, dem Trinkwasser beigefügt, eine bakterizide Wirkung hat. Der Kalmus ist eine bestandsbildende Art. Allerdings kann er durch Schilf stark zurückgedrängt werden.

Die Sumpfschwertlilie *(Iris pseudacorus)*

Die Sumpfschwertlilie ist ein halbschattenverträgliches Gewächs. Auch sie liebt stickstoffhaltige, nährstoffreiche Standortbedingungen. Ihre gedrungenen, weit verzweigten Rhizome werden von halbzentimeterdicken Ankerwurzeln gehalten. Die Samen der Pflanze weisen eine gute Keimfähigkeit auf, wodurch die generative Vermehrung sehr einfach ist.

Einzelne Pflanzengruppen haben in Pflanzenkläranlagen auch gegen die weit höherwüchsigen Rohrkolben und Schilf eine gute Überlebenschance. Auch klein-

Rohrkolben

Schwertlilie und Binse

Kalmus

wüchsigere Arten vertragen sich mit der Schwertlilie sehr gut. Sumpfschwertlilien in Pflanzenkläranlagen tragen u.a. dazu bei, daß sich eine gewisse Vielfalt gegenüber Großröhrichtbeständen in Monokultur entwickeln kann. Becken mit Schwertlilien sind vor allem für das Auge ansprechend, da die Pflanzen bunt blühen können.

Die Teichbinse *(Schoenoplectus lacustris)*

Die Teichbinse ist eine Licht benötigende Sumpfpflanze, die wie das Schilf als Nährstofffresser gilt. Sie besitzt ein dichtes, sehr stabiles Wurzel- und Rhizomgeflecht, welches sich knapp unter der Oberfläche ausbreitet. Die Teichbinse kann sich an die unterschiedlichsten Abwasserverhältnisse sehr gut anpassen und verträgt hohe organische und Nährstoffbelastungen. Sie gilt als bestandsbildend und oft dominierend. Im Herbst verliert sie ihre Halme nicht. Erst nach dem Neuaustrieb im Frühjahr zerfallen die Halme. Teichbinsen sind in Mitteleuropa bis zu einer Seehöhe von 1000 m und mehr zu finden.

Wie schon erwähnt, trägt das Wurzel- und Sproßwachstum der Pflanzen ganz entscheidend zur Aufrechterhaltung der Bodendurchlässigkeit bei und verhindert die Verstopfung des Bodenfilters. Da die Pflanzen in den Wintermonaten nicht entfernt werden, wirken ihre oberirdischen Teile als Wärmedämmung für den Bodenfilter. Somit werden durch die Errichtung von Pflanzenkläranlagen ab einer bestimmten Größe Rückzugsflächen und Brutplätze für Vögel, Insekten etc. zur Verfügung gestellt, wie sie in der heutigen Kulturlandschaft oft fehlen.

ABLEITUNG DES BIOLOGISCH GEREINIGTEN ABWASSERS

Keine Kläranlage reinigt das Abwasser so weit, daß Trinkwasser in die Umwelt entlassen wird. Daher ist es notwendig, auch die Ableitungsverhältnisse genauer zu betrachten. Dies ist die Aufgabe von Fachkundigen in der Planungsphase und in der Regel die zentrale Frage während der Wasserrechtsverhandlungen.

Vorfluter

Eine Möglichkeit der Ableitung biologisch gereinigter Abwässer ist die Einleitung in einen Vorfluter (zum Beispiel Fluß, Bach, ständig wasserführender Graben). Durch die

Vermischung mit dem im Vorfluter vorhandenen Wasser wird ein Verdünnungseffekt erzielt und weiters die Selbstreinigungskraft des Gewässers ausgenutzt.

Die Selbstreinigungskraft ist das Vermögen eines Baches, das biologische Gleichgewicht nach einer Belastung, zum Beispiel durch gereinigte Abwässer, wiederherzustellen. Das biologische Gleichgewicht ist bestimmt durch die im Gewässer vorkommenden Lebensgemeinschaften. So können zum Beispiel Wasserpflanzen als Nahrung, als Platz zum Eierablegen (zum Beispiel für Libellen) und als Werkstoff zum Bau von Gehäusen (zum Beispiel für Köcherfliegenlarven) dienen. Bestimmte Mikroorganismen ernähren sich von organischer Substanz (zum Beispiel von Wasserpflanzen oder auch von gereinigtem Abwasser) und dienen ihrerseits wieder höheren Lebewesen (Würmern, Schnecken, Krebsen etc.) als Nahrungsquelle und diese wiederum den Fischen. Die Pflanzenwelt des Baches wird dadurch dezimiert, einzelne ihrer Vertreter sterben ab. Mit Hilfe von Bakterien werden die abgestorbenen Pflanzen zerlegt (mineralisiert) und stehen wieder neuen Pflanzen als Nährstoff zur Verfügung. So herrscht im Gewässer ein Kreislauf zwischen Produzenten (Pflanzen), Konsumenten (Tiere) und Destruenten (Bakterien). Dieser Kreislauf der Stoffe bildet ein Ökosystem im Gewässer.

Die Selbstreinigungskraft eines Baches hängt von vielen Faktoren ab. Eine Bachbettregulierung (zum Beispiel eine künstliche Bachbettsohle) beeinträchtigt die Selbstreinigungskraft, da sie eine verringerte Strukturvielfalt am Boden des Baches zur Folge hat. Fließt hingegen ganzjährig Wasser im Bach und reicht dieses Wasser für die Bildung eines typischen Mosaiks verschiedener Lebensgemeinschaften aus, ist mit einer erhöhten Reinigungskraft zu rechnen. Ebenfalls positiv wirken sich unterschiedliche Strömungsgeschwindigkeiten im Längsverlauf des Baches aus sowie eine genügend breite Ufervegetation, welche für ausreichend Beschattung sorgt. Allgemein kann davon ausgegangen werden, daß bei einem naturbelassenen, gewundenen, turbulenten Bach im Oberlauf die Selbstreinigungskraft am besten ausgeprägt ist.

Die Gewässergüte oder die ökologische Funktionsfähigkeit eines Oberflächengewässers kann nach unterschiedlichen Kriterien beurteilt werden. Eine Möglichkeit bieten biologische Kriterien, d.h., die Beurteilung erfolgt anhand der im Gewässer vorkommenden Lebewesen. Die Beurteilung kann auch nach chemisch-physikalischen Meßwerten vorgenommen werden. Gewässer mit einer hohen Selbstreinigungskraft weisen mindestens Gewässergüteklasse II auf.

Auswirkungen durch Einleitung biologisch gereinigter Abwässer auf schwach wasserführende Vorfluter sind bisher kaum untersucht worden.

Fest steht, daß durch die Einleitung biologisch gereinigten Abwassers der Nährstoffeintrag erhöht wird. Weiters kann ein Schwebstoffeintrag das natürliche Sohlsubstrat verdichten oder verschließen und damit den Lebensraum von Organismen, die an das Sohlhohlraumsystem angepaßt sind, zerstören. Die Gefahr der Schwebstoffablagerungen ist bei Abläufen von Pflanzenkläranlagen minimiert, da durch die ausgezeichnete Filterwirkung des bepflanzten Bodenfilters der Klarwasserabfluß ohne nennenswerte Schwebstoffanteile ist. Ein weiterer Vorteil von Pflanzenkläranlagen ist die Vergleichmäßigung des Kläranlagenablaufs. Bei einem schwachen Vorfluter kann ein aus der Kläranlage abfließender Abwasserstoß zu Spitzenbelastungen, womöglich noch verstärkt durch mittransportierten Blähschlamm, großen ökologischen Schaden im Gewässer anrichten. Bei Pflanzenkläranlagen werden die periodisch anfallenden Abwasserspitzen durch den voluminösen Bodenfilter und die Steuerung über die Intervallbeschickung abgepuffert. Der Kläranlagenablauf wird entsprechend der Tagesmenge fast vollkommen vergleichmäßigt.

Pflanzenkläranlagen bieten bei der Einleitung in schwache Vorfluter den Vorteil, daß der Kläranlagenablauf vergleichmäßigt wird und im Ablauf praktisch keine Schwebstoffanteile enthalten sind.

Weiters bleibt festzustellen, daß für nicht ständig wasserführende Gerinne grundsätzlich eine maßgebliche Änderung der Lebensgemeinschaften durch eine Klarwassereinleitung bewirkt wird. Eine Einleitung kann dann als positiv bewertet werden, wenn die künstlich geschaffene Wasserführung dazu beiträgt, aquatische Lebensräume zu erhalten in einer Landschaft, die künstlich entwässert wurde.

Im Gegensatz dazu kann trotz weitergehender Reinigung in einer zentralen Verbandskläranlage einem Vorfluter mit stärkerer Wasserführung eine Restfracht zugeführt werden, die gravierendere Auswirkungen verursacht als die Belastung durch die weniger gereinigten Abwässer aus einem kleineren Einzugsgebiet.

Festzustellen bleibt, daß jede Einleitung biologisch gereinigter Abwässer – in welcher Form auch immer – einen gewissen Eingriff in bestehende Ökosysteme bedeutet, wobei die Restfrachten sehr gut gereinigter kommunaler Abwässer auch in schwach wasserführenden Bächen nach einer gewissen Fließstrecke weitgehend abgebaut werden können. Die Beurteilung von geeigneten Einleitstellen ist für jede Einleitung von gereinigtem Abwasser neu durchzuführen und kann nur von Fachkundigen vorgenommen werden.

Speicherteich

Die biologisch gereinigten Abwässer können auch in einen entsprechend groß dimensionierten Speicherteich geleitet werden. Der Speicherteich dient als Puffermöglichkeit in der kalten Jahreszeit. Während der Vegetationsperiode können die biologisch gereinigten Abwässer großflächig auf geeignete landwirtschaftliche Flächen aufgebracht werden. Dieses Verfahren wird vor allem dort angewandt, wo die Wasservorräte

Beispiel eines kleinen Vorfluters

Speicherteich

knapp bemessen sind und die Landwirte unbedingt Wasser zur Verdünnung der Gülle benötigen.

Teiche sind im Gegensatz zu Fließgewässern in ihrem Selbstreinigungspotential eingeschränkt. Trotz weitgehender biologischer Reinigung durch die Pflanzenkläranlage ist mit einer Anreicherung von Nährstoffen im Teich zu rechnen. Unter bestimmten Voraussetzungen kann es zum Beispiel bei starker Sonneneinstrahlung im Hochsommer oder bei Eintrag von zusätzlichem organischem Material (zum Beispiel Laub) zu einer Massenentwicklung von Algen und den hinlänglich bekannten Überdüngungserscheinungen kommen. Dies hat zwar für die landwirtschaftliche Nutzung des Wassers keine negativen Auswirkungen, der Betreiber der Kläranlage darf sich jedoch bei Speicherteichen keine Zierteiche mit glasklarem Gebirgswasser erwarten. Auch hinsichtlich einer weitergehenden Reinigungsleistung sind keine Verbesserungen zu erwarten. Im Sinne einer geordneten landwirtschaftlichen Verwertung, d.h. des flächenhaften Aufbringens des biologisch gereinigten Abwassers auf landwirtschaftlichen Nutzflächen, ist aus Sicht des Gewässerschutzes nichts einzuwenden. Die flächenhafte Verteilung ist einer punktuellen Versickerung in jedem Fall vorzuziehen.

Verrieselung

In vielen Fällen wird es weder einen Vorfluter geben, noch wird die Möglichkeit zur Errichtung eines Speicherteiches bzw. die landwirtschaftliche Verwertung des biologisch gereinigten Kläranlagenablaufes vorhanden sein. Dann bleibt nur die Variante der Verrieselung des biologisch gereinigten Abwassers. Dabei ist besondere Aufmerksamkeit auf den Schutz der unter Umständen in der Nähe befindlichen Trinkwasserversorgungen (Hausbrunnen, Trinkwasserschutz- und -schongebiete) zu legen. Weiters muß beachtet werden, daß durch die Ableitung des biologisch gereinigten Abwassers keine Hangrutschgefahr verursacht wird. Von besonderer Bedeutung sind hierbei die Beschaffenheit des Untergrundes bzw. die geologischen Verhältnisse in der Umgebung der Verrieselungsstelle.

Eine oberflächennahe Verrieselung des Kläranlagenablaufs bei entsprechenden Voraussetzungen (Beachtung von Grundwassernutzung, Brunnenanlagen!) ist durchaus eine sinnvolle Art der Verbringung, da die noch enthaltenen Nährstoffe von den Pflanzen verwertet werden, der bewachsene Boden und die Sonneneinstrahlung eine Reinigung von organischen Schadstoffen und eine weitere Entkeimung des Kläranlagenablaufs bewirken und, in Abhängigkeit vom Bodenaufbau, bei kleinen Anlagengrößen zeitweise das gesamte Wasser von den Pflanzen schon in den obersten Bodenschichten verbraucht wird. Schwer abbaubare organische Verbindungen aus Haushaltschemikalien, die noch in Resten in den Kläranlagenabläufen enthalten sind, werden in einem bewachsenen Boden fast vollständig abgebaut. Diese Art der Ableitung ist allerdings nur für kleine Abwasserreinigungsanlagen möglich.

DIE BAUVORBEREITUNG

DIE ENTSCHEIDUNGSFINDUNG

Nachdem Sie auf den ersten Seiten dieses Buches einige grundlegende Informationen über die Abwasserbehandlung im allgemeinen und den Einsatzbereich von Pflanzenkläranlagen erhalten haben, möchten wir Ihnen nun eine Hilfestellung für die Entscheidung geben, ob Sie eine eigene Kläranlage errichten oder nicht.

Wenn Sie sich mit dem Gedanken beschäftigen, eine eigene Kläranlage zu errichten, sollten einige Fragen im Vorfeld geklärt werden.

Öffentliche Kanalisation versus private Entsorgung

Was hat die Gemeinde in dem Gebiet, in dem Sie wohnen, vor?

Der Selbstbau einer Pflanzenkläranlage ist nur in jenen Gebieten empfehlenswert, in denen die Gemeinde keine öffentliche Entsorgung geplant hat. Es ist allerdings unter Umständen auch möglich, selbst dann, wenn man sich im Anschlußbereich der Gemeindekanalisation befindet, eine Ausnahme von der Anschlußverpflichtung zu erhalten und somit eine eigene, private Kläranlage zu betreiben. Die diesbezügliche Gesetzeslage ist in Österreich in den einzelnen Bundesländern unterschiedlich. (Weitere Informationen zur rechtlichen Situation finden Sie im Kapitel „Behörden und Gesetze".) Es ist allerdings auf jeden Fall mit einem langen Behördenweg zu rechnen, und die Errichtung einer Kläranlage ohne Zustimmung der Gemeinde sollte gut überlegt sein. Der erste Schritt zur eigenen Kläranlage sollte also der Weg in die Gemeindestube sein, um sich eine Auskunft über das Abwasserentsorgungskonzept einzuholen. In diesem Abwasserentsorgungskonzept legt nämlich die Gemeinde jene Gebiete fest, in denen sie eine Gemeindekanalisation zu errichten gedenkt.

Bei den Gesprächen mit den Gemeindevertretern werden Sie früher oder später mit Begriffen wie „Gelbe Linie" oder „Variantenuntersuchung" konfrontiert werden. Hier eine kurze Erläuterung dieser Fachausdrücke:

Gelbe Linie

Die „Gelbe Linie" ist ein Begriff aus der Praxis der Bundesförderung. Und zwar beinhaltet diese Gelbe Linie all jene Bereiche eines Gemeindegebietes, für die sich die Gemeinde gegenüber dem Fördergeldgeber verpflichtet – innerhalb eines vorgegebenen Zeitraumes –, eine öffentliche Abwasserentsorgung zu errichten. Die Gelbe Linie legt allerdings nicht fest, wie die Abwasserentsorgung durch die Gemeinde auszusehen hat. Es muß also nicht der gesamte Bereich der Gelben Linie durch eine einzige zentrale Kläranlage entsorgt werden, sondern es ist durchaus auch denkbar, daß innerhalb der Gelben Linie mehrere Kläranlagen errichtet werden. Die mit der Bundesförderung beauftragte Stelle (Österreichische Kommunalkredit) verlangt allerdings, daß für eine Inanspruchnahme von Mitteln der öffentlichen Hand die „günstigste" Möglichkeit der Abwasserentsorgung realisiert wird. Um dieser Anforderung gerecht zu werden, muß die Gemeinde – will sie eine Bundesförderung in Anspruch nehmen – eine sogenannte Variantenuntersuchung durchführen lassen. Es sei in diesem Zusammenhang erwähnt, daß es neben den Bundesmitteln auch Landesförderungen gibt, die allerdings in den einzelnen Bundesländern unterschiedlich gehandhabt werden.

Variantenuntersuchung

Unter der Variantenuntersuchung versteht man ein Verfahren, mit dessen Hilfe für ein bestimmtes Gebiet die günstigste Variante der Abwasserentsorgung gefunden werden soll. Es gilt also die Frage zu beantworten, ob mehrere oder nur eine Kläranlage gebaut werden soll. Dabei ist gefordert, neben den finanziellen Aspekten der unterschiedlichen Möglichkeiten der Abwasserentsorgung auch ökologische Betrachtungen in die Entscheidung mit einzubeziehen.

Die Entscheidung, wie die Abwasserentsorgung im Gemeindegebiet realisiert wird, und letztendlich auch, ob Sie mit einer Zustimmung seitens der Gemeinde für Ihre angestrebte Errichtung einer Pflanzenkläranlage rechnen können, fällt im Zuge der Variantenuntersuchung. Das Problem bei derartigen Untersuchungen liegt darin, daß der Planer, um überhaupt zu einem Ergebnis zu kommen, vorerst eine große Anzahl an Annahmen treffen muß. Er muß zum Beispiel, oft Jahre bevor der erste Bagger auf die Baustelle fährt, festlegen, wie teuer ein Laufmeter des fertig verlegten Kanals sein wird. Der Planer muß, da er nur eine begrenzte Anzahl an Varianten durchrechnen kann, bevor er mit dem eigentlichen Variantenvergleich beginnt, einige wenige Möglichkeiten der Abwasserentsorgung festlegen, die er anschließend miteinander vergleicht. Ein weiteres Problem liegt in der ökologischen Bewertung der Varianten. So stellt sich die Frage: Was ist einem Bach eher zuträglich: eine einzige Einleitung von einer großen Kläranlage oder die Einleitungen von mehreren kleineren Kläranlagen an unterschiedlichen Stellen? Schon an so einfachen Fragen scheiden sich die Geister und die Meinungen der Experten. Dabei soll sich die Betrachtung der Umwelt – auch wenn wir es mit der Abwasserentsorgung zu tun haben – nicht auf das Medium Wasser beschränken, sondern es sollen natürlich auch andere Aspekte – wie z.B. der Energieverbrauch der unterschiedlichen Entsorgungssysteme – mit einbezogen werden.

> **Bei der Errichtung einer privaten Kleinkläranlage ist ein Konsens mit der Gemeinde anzustreben. Ist dieser nicht erzielbar, muß mit Schwierigkeiten bei dem notwendigen behördlichen Bewilligungsverfahren gerechnet werden.**

Einzelkläranlage versus Gruppenkläranlage

Die nächste Überlegung, die Sie anstellen sollten, ist die Frage, ob Sie eine Kläranlage alleine oder gemeinsam mit Ihren unmittelbaren Nachbarn errichten wollen. Wie lösen Ihre Nachbarn ihr Abwasserproblem? Eine gemeinsame Gruppenkläranlage kann unter Umständen für alle Beteiligten Vorteile mit sich bringen. So ist bei größeren Anlagen mit Kosteneinsparungen beim Bau und auch im Betrieb der Kläranlage zu rechnen.

Es darf bei dieser Überlegung allerdings nicht vergessen werden, daß den geringeren Kosten für die Kläranlage höhere Kosten für die erforderlichen Kanalleitungen gegenüberstehen. Werden mehrere Häuser an eine Kläranlage angeschlossen, müssen auch mehr Kanalleitungen verlegt werden, die natürlich auch Geld kosten. Ob es aufgrund dieser Kostenüberlegungen in Ihrem Fall sinnvoll ist, eine gemeinsame Kläranlage mit Ihren Nachbarn zu errichten, kann nicht generell beantwortet werden; die Situation ist von Fall zu Fall anhand der gegebenen Situation zu beurteilen.

Weiters ist es möglich, bei mehreren Beteiligten die notwendigen Wartungsarbeiten aufzuteilen, wodurch sich auch der künftige Aufwand für die Wartung und Eigenüberwachung der Kläranlage verringert. Sie sollten sich aber auch über Schwierigkeiten, die durch das Errichten einer gemeinsamen Kläranlage auftauchen können, im Klaren sein. So steigert sich natürlich mit der Anzahl der an eine Kläranlage angeschlossenen Haushalte auch der mit der Errichtung und dem Betrieb der Kläranlage verbundene organisatorische Aufwand. Es wird daher notwendig sein, eine Abwassergemeinschaft oder eine Abwassergenossenschaft zu errichten.

Kommt für Sie eine gemeinschaftliche Entsorgung mit Ihren Nachbarn in Frage – die ja auf freiwilliger Basis besteht und dadurch eine gehörige Portion an Teamgeist aller Beteiligten erfordert –, so finden Sie im Abschnitt „Behörden und Gesetze" unter der Überschrift „Wassergenossenschaften" weitere Informationen über die rechtlichen Rahmenbedingungen einer gemeinschaftlichen Abwasserentsorgung.

Pflanzenkläranlage – oder doch ein anderes System?

Neben der Frage nach der Kläranlagengröße stellt sich auch die Frage nach dem Reinigungssystem. Da Sie ein Buch über den kontrollierten Selbstbau von Pflanzenkläranlagen in Händen haben, wird hier das Reinigungsverfahren „Pflanzenkläranlage" anderen, „technischen" Systemen gegenübergestellt.

Bevor mit dem Vergleich der Systeme begonnen wird, soll erwähnt werden, daß – vor allem was die Reinigungsleistung der Anlage betrifft – Pflanzenkläranlage nicht gleich Pflanzenkläranlage ist. In der Vergangenheit wurde eine große Anzahl an unterschiedlichen Bauweisen von Pflanzenkläranlagen entwickelt, errichtet und untersucht. Dabei stellte sich heraus, daß zufriedenstellende Reinigungsleistungen eigentlich nur bei einem bestimmten System erzielt werden. Dieses Buch behandelt ausschließlich diese Art von Pflanzenkläranlage, bei der nach einer mechanischen Vorreinigung das Abwasser intervallmäßig auf dem Bodenfilter verteilt wird und diesen vertikal durchströmt. Der Reinigungsprozeß dieses Systems ist mit jenem von technischen Systemen durchaus vergleichbar, und somit kann prinzipiell von der gleichen Reinigungsleistung der unterschiedlichen Kläranlagentypen ausgegangen werden (zumindest was die derzeitig gültigen gesetzlichen Anforderungen betrifft). Nicht unerwähnt soll bleiben, daß Pflanzenkläranlagen neben den gesetzlich geforderten Reinigungsleistungen auch außergesetzliche Leistungen erbringen, die von technischen Systemen im Normalfall nicht erbracht werden bzw. nur mit einem zusätzlichen Aufwand erbracht werden können. Derartige Leistungen sind zum Beispiel: Keimreduktion, Abbau von Tensiden, günstige Auswirkung auf das regionale Kleinklima usw.

Es gibt eine große Anzahl von technischen Systemen, die auf dem Markt angeboten werden, und es würde den Umfang dieses Buches sprengen, detailliert auf alle diese Systeme einzugehen.

Gemeinsam haben die meisten technischen Systeme (Belebungsanlagen), daß in irgendeiner Art und Weise mittels Fremdenergie Sauerstoff in das Abwasser eingebracht werden muß. Daraus ergibt sich auch schon einer der wesentlichen Nachteile der „Technischen Anlage" gegenüber einer Pflanzenkläranlage. Der erforderliche Einsatz von Fremdenergie zur Belüftung der Anlage bringt unweigerlich Stromkosten und damit auch höhere jährliche Betriebskosten mit sich. Eine Pflanzenkläranlage kann dem gegenüber – bei Vorhandensein eines bestimmten Niveauunterschiedes im Gelände – ohne jeglichen Einsatz von Fremdenergie betrieben werden. Ist dieser Niveauunterschied nicht gegeben, ist zur Intervallbeschickung eine Pumpe erforderlich. Aber auch in diesem Fall hält sich der Energieeinsatz in Grenzen und ist nicht mit dem Energieverbrauch einer technischen Anlage vergleichbar. Er liegt für einen Haushalt in etwa bei 20 kWh pro Jahr.

Durch das künstliche Einbringen von Sauerstoff ist andererseits eine kompaktere

Bauweise der „Technischen Kläranlagen" möglich. Das heißt, Pflanzenkläranlagen haben gegenüber „Technischen Kläranlagen" den Nachteil, daß für das Pflanzenbecken mehr Platz benötigt wird. Der Platzbedarf für das Pflanzenbecken kann für eine grobe Abschätzung mit ca. 5 m^2 pro angeschlossenem Einwohner angenommen werden.

Alleine am erforderlichen Platzbedarf ist ersichtlich, daß das Reinigungssystem Pflanzenkläranlage sinnvoll nur bis zu einer bestimmten Ausbaugröße eingesetzt werden kann. Neben wirtschaftlichen Überlegungen sind in diesem Zusammenhang auch gesetzliche Vorschriften, die den Einsatzbereich von Pflanzenkläranlagen festlegen, zu beachten.

Der wesentliche Vorteil einer Pflanzenkläranlage gegenüber einer technischen Anlage liegt in der Möglichkeit, beim Bau Eigenleistungen in großem Ausmaß einzubringen und dadurch die Investitionskosten erheblich zu reduzieren.

Ein weiteres Plus, das dem System der Pflanzenkläranlagen zugerechnet werden kann, ist der relativ geringe Wartungsaufwand. Wir haben es bei einer Pflanzenkläranlage nicht mit einem hochkomplexen technischen System zu tun, sondern mit einem System, in dem sich nach einer gewissen Anlaufphase ein natürliches Gleichgewicht einstellt. Es sind nur wenige – letztendlich für den Wartungsaufwand verantwortliche – mechanische Bauteile vorhanden, und somit sind für die durchzuführenden Wartungsarbeiten nicht unbedingt große technische Fähigkeiten erforderlich.

Sind schwierige Vorflutverhältnisse gegeben – befindet sich also im fraglichen Gebiet nur ein sehr kleiner bzw. gar kein Bach, in den das gereinigte Abwasser eingeleitet werden kann –, wird im Zuge des Wasserrechtsverfahrens unter Umständen eine Vergleichmäßigung des Kläranlagenablaufs gefordert. Während bei technischen Anlagen hierfür zusätzliche Vorkehrungen getroffen werden müssen, wird die Vergleichmäßigung bei einer Pflanzenkläranlage durch die enorme Pufferwirkung des Bodenfilters quasi „mitgeliefert".

Vor allem bei Gruppenkläranlagen steht man des öfteren vor dem Problem, die Kläranlagengröße richtig zu dimensionieren. Der künftige Bedarf, der natürlich in die Überlegungen einbezogen werden muß, ist möglicherweise schwierig abzuschätzen. Oder es läßt sich schon voraussagen, daß in einigen Jahren mit einer zusätzlichen Bebauung und somit mit einem weiteren Abwasseranfall gerechnet werden muß. Dadurch kann sich ein Problem der Finanzierung ergeben, denn will man zum Zeitpunkt der Errichtung die Kläranlage für den künftigen Bedarf auslegen, sind üblicherweise die Kosten für die Kläranlage von den schon vorhandenen Benutzern vorzufinanzieren. Hier bieten Pflanzenkläranlagen einen wesentlichen Vorteil. Es ist nämlich durchaus möglich, eine Kläranlage jederzeit durch das Hinzufügen eines weiteren Beckens zu erweitern. Läßt sich der künftige Bedarf bereits zum Zeitpunkt der Planung abschätzen, so kann – bei nur geringfügigen Mehrkosten – die mechanische Vorklärung groß genug ausgelegt werden. Beim Bau der Anlage ist also nur mehr darauf zu achten, daß Platz für ein künftiges Becken freigehalten wird.

Im folgenden sollen noch einmal die Vor- und Nachteile von Pflanzenkläranlagen gegenüber anderen „Technischen Reinigungssystemen" punktuell dargestellt werden.

Vor- und Nachteile einer Pflanzenkläranlage
Vorteile • Kein (bzw. nur geringer) Einsatz von Fremdenergie im Betrieb • Eigenleistungen können eingebracht werden • Technisch einfache Wartung • Vergleichmäßigung des Kläranlagenablaufes • Anlagen sind einfach erweiterbar • Außergesetzliche ökologische Zusatzleistungen
Nachteile • Größerer Platzbedarf • Beschränkte Ausbaugröße

DIE PLANUNG

Ist der Entschluß gefaßt, eine Pflanzenkläranlage zu errichten, kann mit der konkreten Planung der Anlage begonnen werden. Die Planung ist unerläßlich, sowohl um die für die Errichtung notwendigen technischen Details zu erhalten, als auch um die Unterlagen in der Hand zu haben, mit denen Sie um das erforderliche Wasserrecht ansuchen können. Die Planung hat durch einen Sachkundigen (Technisches Büro, Ziviltechniker) zu erfolgen. (Die Namen potentieller Ansprechpartner finden Sie am Ende dieses Buches.)

Es darf wohl als selbstverständlich erachtet werden, daß eine seriöse Planung mit einer Beratung vor Ort ihren Anfang nimmt. Dabei gilt es, die technische Realisierbarkeit zu erörtern. Gemeinsam mit dem Planer wird die Ausbaugröße der Anlage festgelegt, wobei für die Dimensionierung unterschiedliche Faktoren zu berücksichtigen sind. Derartige Faktoren sind zum Beispiel:

• die Anzahl der ständigen Bewohner
• zu erwartende Stoßbelastungen
• Anfall von Abwässern aus Milchkammern, Schlachträumen usw.
• zu erwartende Grenzwertvorschreibungen der Wasserrechtsbehörde

Gleichzeitig sollte auch die örtliche Situierung der Anlagenteile (mechanische Vorreinigung, bepflanzter Bodenfilter) vorgenommen werden. In diesem Zusammenhang gilt es auch zu überlegen, ob nicht bereits vorhandene Einrichtungen, etwa eine Dreikammerfaulgrube, genutzt werden können. Ist dies möglich, kann es zu teils beträchtlichen Einsparungen bei den Errichtungskosten kommen. Die konkrete Situierung der Anlagenteile ist natürlich von Fall zu Fall individuell vorzunehmen. Hierzu können aber einige allgemeine Hinweise gegeben werden.

- Zu sämtlichen Anlagenteilen, ob mechanische Vorreinigung, Bodenfilter o.a., muß – zumindest mit einem Traktor – eine Zufahrtsmöglichkeit gegeben sein.
- Die Kläranlage sollte möglichst nahe an dem zu entsorgenden Wohnobjekt errichtet werden, denn dadurch ergibt sich vor allem für die Wartungsarbeiten ein Vorteil.
- Der bepflanzte Bodenfilter sollte nach Möglichkeit tiefer als die mechanische Vorreinigung liegen, denn nur dann ist eine Intervallbeschickung des Bodenfilters ohne Fremdenergie möglich.
- Der Abstand zwischen der mechanischen Vorreinigung und dem bepflanzten Bodenfilter sollte möglichst gering sein. Ist dieser Abstand zu groß, muß ein eigener Schacht, aus dem die Intervallbeschickung erfolgt, errichtet werden.
- Der bepflanzte Bodenfilter ist nach Möglichkeit so zu situieren, daß es zu keiner Überflutung durch Niederschlagswässer bei Starkregenereignissen kommt.

Bei der Planung ist weiters die Art und Weise der mechanischen Vorklärung festzulegen. Dabei wird bei den meisten Kläranlagen das System der Dreikammerfaulgrube realisiert. Eine weitere Möglichkeit besteht in der Errichtung einer Filtersackanlage. Wird eine Gruppenkläranlage für mehrere Haushalte errichtet, so besteht die Möglichkeit, die Vorklärung entweder zentral für alle Haushalte gemeinsam zu bauen, oder jeden Haushalt mit seiner eigenen Vorklärung zu versehen. Auch diesbezüglich ist in der Planungsphase eine Entscheidung zu treffen.

Um die volle Funktionsfähigkeit der Pflanzenkläranlage zu erreichen, ist es notwendig, die Intervallbeschickung im richtigen Ausmaß zu dimensionieren. Dabei kommt es vor allem auf die richtige Abstimmung zwischen der Beetoberfläche, der Beschickungsmenge, der Anzahl der Verteilerstränge und dem Durchfluß an. Diese Tätigkeit erfordert neben theoretischem Wissen vor allem eine gehörige Portion an praktischer Erfahrung des Planers. Denn nur damit ist es möglich, die Intervallbeschickung richtig auszulegen und somit eine gleichmäßige Verteilung des Abwassers auf der gesamten Oberfläche des Bodenfilters zu erreichen.

Bei größeren Kläranlagen muß überlegt werden, ob eine Einbecken- oder Mehrbeckenanlage errichtet werden soll. Dabei kann durchaus auch die vorhandene Geländeform in die Entscheidungsfindung einbezogen werden. So ist es zum Beispiel möglich, eine Pflanzenkläranlage in steilerem Gelände zu errichten, indem man mehrere Becken in „Terrassenform" anlegt, wodurch der Aufwand an Erdarbeit durchaus in

Grenzen gehalten werden kann. Wird eine Mehrbeckenanlage errichtet, so können die Becken in Serie, parallel oder in einer Kombination aus beidem geschaltet werden. Dadurch ergeben sich einerseits Auswirkungen auf die Dimensionierung der Intervallbeschickung, und andererseits wird dadurch auch der Filteraufbau der einzelnen Becken beeinflußt.

Entscheidend für den Filteraufbau sind nicht zuletzt die jeweiligen – sehr stark ortsabhängigen – Preise und die Verfügbarkeit von unterschiedlichem Filtermaterial. An dieses sind grundsätzlich zwei Anforderungen zu stellen: Zum einen muß es eine langfristige Durchlässigkeit des Bodenfilters garantieren. Es ist also erforderlich, daß das Filtermaterial weitgehend frei von Feinteilen ist, die langfristig zu einer Verstopfung des Filters führen können. Zum anderen dient das eingesetzte Filtersubstrat als Lebensraum der für die biologische Reinigung des Abwassers verantwortlichen Bakterienkulturen. Die Reinigung erfolgt natürlich um so besser, je länger die Kontaktzeit zwischen dem zu reinigenden Abwasser und den vorhandenen Bakterien ist. Um diesen beiden gegensätzlichen Anforderungen gerecht zu werden, ist es notwendig, den Bodenfilter schichtweise mit verschiedenem Filtermaterial aufzubauen. Bei der Wahl des Filtersubstrats sollte – nach Erfahrungen der Autoren – vor allem darauf geachtet werden, daß nur gewaschenes Material zum Einsatz kommt. Nur so ist eine langfristige Durchlässigkeit des Bodenfilters gewährleistet.

Neben den angeführten technischen Fragestellungen liegt das Hauptaugenmerk bei der Planung auf der Art und Weise der Verbringung der Überwässer aus der Pflanzenkläranlage. Anzustreben ist dabei eine Einleitung in einen Bach (Vorfluter). Dabei ist sicherzustellen, daß es durch die Einleitung zu keiner Verschlechterung der Gewässergüte des Vorfluters kommt. Dies wird üblicherweise mittels einer Aufstockungsberechnung belegt. Bei diesem Berechnungsverfahren wird die Gewässergüte vor und nach der Einleitstelle rechnerisch beurteilt.

Allerdings wird – besonders dort, wo das typische Einsatzgebiet von Pflanzenkläranlagen liegt – häufig kein Vorfluter, in den das biologisch gereinigte Abwasser eingeleitet werden könnte, vorhanden sein. Ist dies der Fall, so besteht in vielen Fällen die Möglichkeit, das Abwasser vor Ort zu versickern. Durch die Versickerung darf es allerdings nicht zu einer Beeinträchtigung von Grundwasser kommen. Es ist weiters sicherzustellen, daß durch die Versickerung keine Hangrutschgefahr entsteht und auch keine umliegenden Trinkwasserversorgungsanlagen gefährdet sind. Im Falle einer geplanten Versickerung erscheint es von Vorteil, schon vor der Einreichung der Planungsunterlagen mit der zuständigen Wasserrechtsbehörde Kontakt aufzunehmen, um allenfalls geforderte Auflagen – wie zum Beispiel die Erstellung eines hydrogeologischen Gutachtens – bereits bei der Planung berücksichtigen zu können.

Weitere Möglichkeiten, das gereinigte Abwasser zu verbringen, bestehen in der Verregnung des Abwassers oder in dem Versuch, geschlossene Kreisläufe zu errichten. Dabei findet ein Teil des gereinigten Abwassers als Brauchwasser – zum Beispiel für die Toilettenspülung – Verwendung. Der restliche Teil könnte wiederum in Schönungsteiche geleitet werden, die so groß ausgelegt werden müßten, daß eine Verdunstung der gesamten eingeleiteten Abwassermenge gewährleistet würde. Diese Art der Verbringung des gereinigten Abwassers wird sicher die Ausnahme bilden, da sie durch das Errichten der Schönungsteiche sehr kostspielig ist und auch das dafür erforderliche Bewilligungsverfahren in den meisten Fällen recht aufwendig sein dürfte.

Nicht unerwähnt bleiben sollte in diesem Zusammenhang die Möglichkeit der landwirtschaftlichen Verwertung der gereinigten Abwässer. Dabei wird üblicherweise das Wasser aus der Pflanzenkläranlage zur Verdünnung von Gülle verwendet und gemeinsam mit dieser auf landwirtschaftlichen Flächen aufgebracht. Aber auch hier ist unter Umständen mit Widerstand seitens der Behörde zu rechnen, denn oft werden von den entsprechenden Stellen hygienische Bedenken zu einer landwirtschaftlichen Verwertung des biologisch gereinigten Abwassers geäußert. Die diesbezügliche Diskussion ist noch im Gange, und es ist zu hoffen, daß ein gewisser Umdenkprozeß bei den zuständigen Behörden Platz greift.

Die wichtigsten Punkte, die es im Zuge der Planung gemeinsam mit dem Projektanten zu klären gilt, sind:
- Die Ausbaugröße der Anlage. Die Situierung der Anlagenteile
- Die Art der mechanischen Vorklärung
- Die Art der Intervallbeschickung
- Die Ableitung des biologisch gereinigten Abwassers

DIE WASSERRECHTSVERHANDLUNG

Um eine Pflanzenkläranlage betreiben zu dürfen, brauchen Sie – wie übrigens für jede andere Kläranlage auch – eine wasserrechtliche Bewilligung. Dazu benötigen Sie als erstes ein wasserrechtliches Einreichprojekt, welches Sie als Ergebnis der Planung von Ihrem Projektanten erhalten. Dieses Einreichprojekt müssen Sie als Konsenswerber bei der zuständigen Wasserrechtsbehörde – in Österreich ist dies die Bezirkshauptmannschaft – einreichen. Nachdem von der Wasserrechtsbehörde von unterschiedlichen Stellen Gutachten und Stellungnahmen zu Ihrem Projekt eingeholt worden sind, kommt es zu einer mündlichen Wasserrechtsverhandlung vor Ort. Zu dieser Verhandlung, die von einem Juristen der Wasserrechtsbehörde geleitet wird, werden üblicherweise von Amtsseite auch Sachverständige – wie zum Beispiel ein technischer Amtssachverständiger, ein Hygieniker usw. – beigezogen. Weiters sind Vertreter der Gemeinde und sämtliche betroffenen Anrainer mittels einer amtlichen Kundmachung zur Verhandlung geladen.

Anmerkung:
Kontrollieren Sie unbedingt, bevor Sie Ihr Projekt bei der Behörde einreichen, ob das im Projekt enthaltene Anrainerverzeichnis vollständig ist. Vergessen Sie dabei auch nicht auf möglicherweise vorhandene Fischereiberechtigte. Denn ein nicht eingeladener Anrainer bedeutet einen Formalfehler im Wasserrechtsverfahren, und dadurch wäre ein Ihnen zuerkanntes Wasserrecht 30 Jahre lang beeinspruchbar.

Im Zuge der Wasserrechtsverhandlung, bei der alle Parteien die Möglichkeit haben, mündliche Stellungnahmen abzugeben, werden die für den Bau und den Betrieb der Anlage relevanten Auflagen – wie zum Beispiel die Höhe der einzuhaltenden Grenzwerte, Häufigkeit, Art und Umfang von Eigen- und Fremdüberwachung usw. – und die Dauer der wasserrechtlichen Bewilligung behördlicherseits festgelegt. In diesem Zusammenhang kann es auch von Vorteil sein, wenn Ihr Planer bei der Wasserrechtsverhandlung anwesend ist. So ist es möglich, eventuell auftretende technische Fragen kurzfristig zu klären. Dies gilt vor allem dann, wenn in Ihrem Bezirk noch nicht allzuviele Pflanzenkläranlagen wasserrechtlich bewilligt worden sind. Falls Ihr Projektant bei der Wasserrechtsverhandlung nicht anwesend sein kann, bitten Sie ihn zumindest, vor der Verhandlung mit dem technischen Amtssachverständigen Kontakt aufzunehmen, um so allenfalls anstehende Probleme rechtzeitig zu besprechen. Da der Planer nicht immer von der Wasserrechtsbehörde über die Abhaltung einer Wasserrechtsverhandlung informiert wird, ist es empfehlenswert, daß Sie nach Erhalt der Kundmachung mit ihm Kontakt aufnehmen.

Das Ergebnis der Wasserrechtsverhandlung wird in einem Bescheid festgehalten. Nach Zustellung des Bescheides kann dieser noch von allen im Wasserrechtsverfahren beteiligten Parteien innerhalb einer zweiwöchigen Frist beeinsprucht werden. Ergibt sich innerhalb dieser Frist kein Einspruch, so ist der Bescheid rechtskräftig, und ab diesem Zeitpunkt können Sie von Ihrem Wasserrecht Gebrauch machen – sprich die Kläranlage in Betrieb nehmen.

Nun – wie lange wird es dauern, bis Sie den rechtskräftigen Wasserrechtsbescheid in Händen halten? Bevor der Versuch unternommen wird, eine Antwort darauf zu geben, schildern wir Ihnen eine Szene, wie sie sich so oder ähnlich des öfteren in unserem Büro abspielt:

*„Grüß Gott, hier spricht Maier aus St. Hermann. Ich bin gerade dabei, mein Haus umzu-
bauen, und hab' mir überlegt, ob ich nicht gleich im Zuge der Grabarbeiten für mich eine Pflanzenkläranlage errichten soll. Bin ich da bei Ihnen richtig – können Sie mir dabei behilflich sein?
Übrigens – der Bagger kommt bereits übermorgen, es müßte also alles relativ schnell gehen."*

Sie sind bei uns schon richtig, Herr Maier, allerdings ein bißchen spät dran. Sie haben
schon recht, es wird oft versucht, den Bau einer Pflanzenkläranlage komplizierter dar-
zustellen, als er eigentlich ist, aber so einfach, wie sich das unser Herr Maier vorstellt,
ist die Sache auch wieder nicht. Denn das Problem dabei ist, daß bei der Errichtung einer Kläranlage einige rechtliche Vorschriften zu beachten sind. Wie schon oben erläutert, benötigt man, um eine Kläranlage betreiben zu dürfen, eine wasserrechtliche Bewilligung. Herr Maier dürfte also, aus der Sicht des Wasserrechtes, seine Kläranlage
bauen, sie aber nicht in Gang setzen, denn dazu besitzt er nicht das erforderliche Wasserrecht.

Der zeitliche Rahmen, den Sie für die Bauvorbereitung einkalkulieren sollten, beträgt jedenfalls einige Monate. Das wasserrechtliche Einreichprojekt werden Sie üblicherweise einige Wochen nach Auftragsvergabe der Planung in Händen halten. Die
Zeitspanne zwischen der Einreichung des Projektes bei der Wasserrechtsbehörde und
der mündlichen Wasserrechtsverhandlung ist unserer Erfahrung nach meist etwas
länger (2 bis 3 Monate), wobei Wartezeiten bis zu 6 Monaten möglich sind, es aber auch
Fälle gibt, in denen die Wasserrechtsverhandlung innerhalb eines Monats durchgeführt wird. Ähnlich verhält es sich mit der Frist zwischen Wasserrechtsverhandlung
und Bescheidausstellung. Auch hier ist von kurzfristig bis zu 6 Monaten alles denkbar.
Sie sehen also, mit einer Vorlaufzeit von einem halben Jahr ist realistischerweise auf jeden Fall zu rechnen. Sie sollten sich also möglichst früh an einen Planer wenden, damit der geplante Baubeginn nicht durch noch ausstehende Behördenverfahren verschoben werden muß.

DER BAU

Der Selbstbau von Pflanzenkläranlagen ist nicht als Konkurrenz oder Geschäftsschädigung von in dieser Branche tätigen Unternehmen zu sehen. Schon deshalb nicht, weil es für den Bauherrn gar nicht möglich ist, eine Pflanzenkläranlage ohne die Unterstützung von konzessionierten Unternehmen zu errichten. Sehr wohl besteht allerdings – wie auch bei der Errichtung eines Eigenheims – für den Bauherrn die Möglichkeit, durch das Einbringen von Eigenleistungen die Baukosten erheblich zu reduzieren. Die Technik bzw. die Bauweise ist bei dem im folgenden beschriebenen Pflanzenkläranlagentyp bewußt einfach gestaltet worden. Damit soll die Möglichkeit aufgezeigt werden, den Eigenleistungsanteil möglichst groß zu halten. Es sei allerdings noch einmal darauf hingewiesen, daß dringend davon abgeraten wird, die Anlagen ohne Unterstützung von fachkundigen Unternehmen zu errichten bzw. zu planen.

Die Verfasser können für Schäden und Unfälle, die bei der Planung und bei der Errichtung von Pflanzenkläranlagen anhand dieses Buches auftreten, keine Haftung übernehmen.

Bei der Errichtung von Pflanzenkläranlagen besteht die Möglichkeit, durch Eigenleistung die Investitionskosten zu reduzieren. Allerdings ist es nicht möglich, auf konzessionierte Unternehmen vollständig zu verzichten.

DER BAUABLAUF

Sinnvollerweise soll mit dem Bau erst begonnen werden, nachdem sämtliche rechtlichen Voraussetzungen vorliegen. Eine positive Wasserrechtsverhandlung vor Ort allein genügt dafür nicht, da auch nach der Wasserrechtsverhandlung noch Einspruch von geladenen Parteien geltend gemacht werden kann. Obwohl aus der Sicht des Wasserrechts nicht der Bauzeitpunkt, sondern der Zeitpunkt der Inbetriebnahme der Kläranlage von entscheidender Bedeutung ist, wird im Normalfall von einem Bau vor der Rechtskraft des Wasserrechtsbescheides abgeraten, da sonst unter Umständen Investitionen für ein Projekt getätigt werden, das letztendlich nicht wasserrechtlich bewilligt wird.

Grundvoraussetzung für eine gelungene Abwicklung des Bauvorhabens „Pflanzenkläranlage" ist eine entsprechende Bauvorbereitung. Anhand der Planung sollte eine Materialliste erstellt werden, wenn nicht schon vom Planer diese Aufgabe erfüllt worden ist. Es ist auf jeden Fall zweckmäßig, die Kanalzu- und -ableitungslängen in natura noch einmal zu überprüfen und einen Sicherheitszuschlag von ca. 5% vorzusehen. Den Großteil der Investitionskosten einer Pflanzenkläranlage bilden die Materialkosten. Dabei ist es oft lohnenswert, Anbote von unterschiedlichen Händlern einzuholen. Die Materiallisten sollten also so strukturiert sein, daß entsprechende Angebote von den verschiedenen Lieferanten leicht eingeholt werden können.

Ein standardisierter Bauablauf ist nicht immer möglich und auch nicht zweckmäßig. Es ist sinnvoll, sich den naturräumlichen Gegebenheiten anzupassen bzw. andere Randbedingungen zu berücksichtigen. In der Regel wird eine Kläranlage zu einem Zeitpunkt errichtet, in dem schon ein Abwasseranfall vorhanden ist. In diesem Fall muß die Ableitung von der Kläranlage zum Gewässer oder zur Verrieselungsstelle bzw. die Kläranlage selbst voll funktionsfähig hergestellt werden, bevor der Hausanschluß möglich ist.

Der konkrete Bauablauf läßt sich in folgende Tätigkeitsbereiche bzw. Bauabschnitte untergliedern:
- Absteckung
- Bau der mechanischen Vorreinigung
- Bau der Intervallbeschickung
- Bau des bepflanzten Bodenfilters
- Bau der Zu- und Ableitungskanäle
- Wiederherstellungsarbeiten

Bevor nun auf die oben angeführten Punkte im einzelnen eingegangen wird, gilt es noch, Grundsätzliches bezüglich der Lagerung der Materialien und der Terminorganisation zu klären.

Lagerung der Baumaterialien

Ein wesentlicher Aspekt für die reibungslose Abwicklung des Bauvorhabens ist, daß sämtliches Material vor Baubeginn auf die Baustelle geliefert wird. Eine Ausnahme dafür bildet unter Umständen das Filtermaterial, und zwar dann, wenn es direkt in den Bodenfilter eingebracht werden kann. Ein entsprechend großer Raum für die Lagerung muß vorhanden sein. So nehmen zum Beispiel 10 m^3 Sand eine Lagerfläche von ca. 3 m x 4 m in Anspruch. Der Lagerplatz dafür sollte in der Nähe des Pflanzenbeckens liegen. Das Filtrat kann dadurch rasch, ohne lange Transportwege direkt mit dem Bagger eingebracht werden. Allerdings ist darauf zu achten, daß es durch gelagertes Material nicht zu einer Beeinträchtigung der Aushubarbeiten kommt. Der Lagerplatz des Filtrats sollte vom Untergrund so beschaffen sein, daß die Materialverluste minimiert werden. Falls das Filtrat auf gewachsenem Boden (Wiese) gelagert werden muß, ist das Abheben der Grasnarbe und Glätten des Bodens empfehlenswert.

Markieren des Beckens mit Kalk

Baugrube mit Sandausgleichsschicht

Das Auslegen von Folien hat sich in der Praxis als kontraproduktiv erwiesen. Die Lagerzeiten auf der Baustelle sollten möglichst kurz sein. Falls zur Abdichtung des Bodenfilters eine Folie verwendet wird, ist diese vor starker Sonneneinstrahlung zu schützen. Das Rohrmaterial ist so zu lagern, daß es sich durch einseitige Sonneneinstrahlung oder ungleiche Gewichtsbelastung nicht verformen kann. Rohre aus Kunststoff sind eben zu lagern und müssen über 2 m Länge drei Auflager haben. Generell sollten die Lagerbedingungen der einzelnen Produkte gelesen und eingehalten werden. Dies ist auch für eventuelle Regreßforderungen bei beschädigter Ware von Vorteil.

Terminorganisation

Die Terminorganisation ist, wie bei allen Arbeiten in der freien Natur, schon allein deshalb problematisch, weil eine Wetterabhängigkeit besteht. Alle Beteiligten (Bauherr, Bauaufsicht, ausführende Firmen) auf einen gemeinsamen Nenner zu bringen, ist eine nicht so einfache Angelegenheit. Eine entsprechend frühzeitige Festlegung der Bautermine – welche dann ohnedies wieder wegen Schlechtwetter verschoben werden müssen – ist von Vorteil. Die Spekulation auf sporadische Kurzeinsätze von Erdbewegungsmaschinen hat sich im Endeffekt in den meisten Fällen als nicht sinnvoll erwiesen. Statt der erwarteten Kosteneinsparung durch Wegfall der Anfahrtszeit kommt es in vielen Fällen zu anderweitigen Verzögerungen bzw. zu Bauschäden durch Schlechtwettereinbrüche.

Ein rascher, kontinuierlicher Ablauf des Baus einer Pflanzenkläranlage und der dazugehörigen Kanalisationsanlagen ist erfahrungsgemäß im Endeffekt am kostengünstigsten.

ABSTECKUNG

Bevor mit den Erdarbeiten begonnen werden kann, empfiehlt sich eine genaue Absteckung der Bauteile der Pflanzenkläranlage. Bei der örtlichen Situierung der Bauteile ist darauf zu achten, daß für Betonteile ein entsprechend großer Arbeitsraum zum Versetzen vorhanden ist. Die Größe der bepflanzten Bodenfilter ist dem Bauplan zu entnehmen. Die Rechtwinkligkeit der Absteckung ist mit Hilfe der Diagonalenkontrolle zu prüfen. Um einen möglichst exakten Aushub zu erreichen, empfiehlt es sich, die Ränder der Becken mit Kalk zu markieren.

Grundsätzlich sollte das oder die Becken parallel zu den Höhenschichtlinien situiert werden. Zur Bestimmung der Höhenunterschiede der vier Absteckungspunkte ist nach Möglichkeit ein Nivellier zu verwenden. Notfalls ist dieser Vorgang auch mit einer Waaglatte oder Schlauchwaage möglich. Die Höhenunterschiede sind für die gleichmäßige Verteilung des Erdaushubs von Wichtigkeit. Es ist ein Ziel der Absteckung, kostenintensiven Abtransport des Aushubmaterials zu vermeiden. Falls keine eindeutigen Gefälleverhältnisse zwischen dem Intervallbeschickungsschacht und dem bepflanzten Bodenfilter gegeben sind und ein Intervallbeschickungssystem ohne Fremdenergie verwendet werden soll, muß unbedingt der Höhenunterschied zwischen dem Ablauf der Vorklärung und dem Zulauf des Pflanzenbeckens nivellitisch bestimmt werden. Dies trifft auch für den Ablauf des ersten Pflanzenbeckens gegenüber nachgeschalteten Becken zu. Erst nach dem Nivellement kann die Lage der Becken eindeutig bestimmt und abgesteckt werden.

BAU DER MECHANISCHEN VORREINIGUNG

Die zeitliche Reihenfolge des Aushubs der einzelnen Bauteile ist von den örtlichen Gegebenheiten abhängig und am besten mit dem Baggerfahrer abzuklären. Es kommt oft vor, daß zuerst die Becken für den bepflanzten Bodenfilter ausgehoben werden und zuletzt die Vorklärungsgrube hergestellt wird.

Dreikammergrube

In der Regel werden für die Herstellung der Dreikammergrube Betonfertigteile verwendet, die auf der Baustelle maschinell vom Bagger oder Kranwagen mittels Ketten versetzt werden. Vorteil dieses Verfahrens ist der zügige Einbau. Die Betonqualitäten industriell gefertigter Betonteile sind zudem auf der Kleinbaustelle mit den herkömmlichen Möglichkeiten fast nicht zu erreichen.

Der Bauablauf beim Versetzen der Dreikammergrube erfolgt in folgenden Schritten:
- Erdaushub und Sicherung
- Einbringung einer Sauberkeitsschicht (Sand oder Kies)

Bodenteil mit aufgebrachtem Mörtel

Der zweite Ring wird aufgesetzt

Herstellen der Durchbrüche

Fertiggestellte Wanddurchlässe

Verputzte Fuge und Ablaufrohr

Dreikammergrube

- Versetzen des Bodenteils (Kontrolle auf horizontale Lage)
- Aufbringen des Fugenmörtels oder Epoxidharzes

> **Tip: Wenn Sie den Fugenmörtel aufbringen, bevor der Betonteil versetzt wird, müssen Sie diese Arbeit nicht in der Grube durchführen.**

- Versetzen des nächsten Schachtringes (bzw. Konus)
- Glätten der Fugen
- Herstellen der Wanddurchbrüche für Zu- und Ablauf sowie der Verbindung zwischen den Kammern
- Einbau der Rohrdurchführungen für den Ablauf
- Verputzen der Fugen zwischen den Schachtringen und Rohrdurchführungen mit abwasserbeständigem Mörtel oder Epoxidharz

---

Beachten Sie beim Versetzen der Dreikammergrube folgende Hinweise:

- Mit dem Einbau der Dreikammergrube ist aufgrund des Gefahrenpotentials ein konzessioniertes Unternehmen zu beauftragen. Die Mindesteinbautiefe liegt bei ca. 2 m. Es kann daher bei entsprechenden Grundwasser- und Bodenverhältnissen in der Nähe der ausgehobenen Baugrube Einsturzgefahr bestehen.
- Das Gewicht der Betonfertigteile, speziell des Bodenteils, wiegt u.U. mehrere Tonnen. Es ist zu klären, ob der Bagger auf der Baustelle diese Last heben kann.
- Unmittelbar nach dem letzten Verfugen sollten in der Grube keine Stemmarbeiten durchgeführt werden, da die Gefahr besteht, daß die Grube durch auftretende Vibrationen undicht wird.
- Bei niedrigem Grundwasserstand ist besondere Vorsicht beim Einbau geboten. Die Baugrube ist möglichst rasch mit Aushubmaterial anzufüllen, welches lagenweise verdichtet wird, um spätere Setzungen zu vermeiden. Dies gilt besonders für jene Stellen, an denen sich Zu- und Ablaufrohre befinden. Ungenügend verdichtetes Material kann zu extremen Verformungen und zu Rohrbrüchen führen.

Filtersackanlage

Der Schacht für die Filtersackanlage wird üblicherweise ähnlich wie die Dreikammergrube aus Betonfertigteilen hergestellt. Der Bauablauf entspricht dem der Dreikammergrube.

Der Einbau der Filtersackanlage verläuft folgendermaßen:

- Einbau des Zuleitungsrohres bis zum Schieber-T-Stück. (Dabei ist ein Gefälle von ca. 2% zu beachten!)
- Horizontaler Einbau des Schieber-T-Stückes
- Einbau und Kontrolle des Rohrleitungssystems für die Filtersäcke (> 5% Gefälle)
- Kontrolle des Schiebersystems
- Anpassung der Filtersackaufhängungen (Bohren der Dübellöcher im Herdring und Befestigung der Aufhängungsschrauben, Bohren des Loches in die Aluminiumaufhängung und Ablängen der Aluminiumaufhängung)
- Einhängen der Filtersackaufhängung inkl. Filtersack

Beachten Sie folgende Hinweise:

- Für das Versetzen der Betonfertigteile ist ähnliches zu berücksichtigen wie bei der Dreikammergrube.
- Der Einbau des Zulaufrohres sollte mit ca. 2% Gefälle durchgeführt werden. Dabei muß das Zulaufrohr in einer genau definierten Länge in den Schacht hineinragen. Die Vorderkante des montierten Schieber-T-Stückes und der Herdring des Deckels müssen dabei eine vertikale Flucht bilden. Ähnliches gilt für die Filtersack-T-Stücke im Rohrleitungssystem. Das Schieber-T-Stück sollte streng horizontal eingebaut und ausreichend befestigt werden.
- Eine abschließende Probe mit Klarwasser ist nach vollständigem Einbau des Rohrleitungssystems unbedingt durchzuführen.
- Bei der Materialauswahl ist unbedingt darauf zu achten, daß sämtliche Bauteile aus nichtrostenden, abwasserbeständigen Werkstoffen bestehen.
- Die Filtersack-T-Stücke sind von den Gummidichtungen zu befreien. Und zwar nur dort, wo die Aufhängung eingeführt wird.

BAU DER INTERVALLBESCHICKUNG

Wie schon erwähnt, unterscheiden wir grundsätzlich zwischen Intervallbeschickungssystemen mit und ohne Fremdenergie. Die Wahl des geeigneten Systems hängt von unterschiedlichen Faktoren ab. Für ein energieloses Intervallbeschickungssystem ist auf jeden Fall ein natürliches Gefälle vom Intervallbeschickungsschacht zum Pflanzenbecken von ca. 1,50 m Höhendifferenz erforderlich. Der Vorteil eines

Schieber-T-Stück

Filteranlage in Rundbauweise

| Filtersackbefestigung bei Rechteckbauweise | Filtersackaufhängung komplett |

| Kleines und großes Rohrventil | Intervallbeschickungsschacht mit Kippkübel |

Systems mit Fremdenergie, z.B. einer Fäkalientauchpumpe, liegt in der Verwendung des dafür nötigen Rohrmaterials für die Verbindung zwischen Intervallbeschickungs-schacht und bepflanztem Bodenfilter. Durch den geringen Querschnitt der Pump-druckleitung lassen sich Material- und Erdarbeitungskosten einsparen, und die Lei-tungsführung kann variabler gestaltet werden. Fäkalienpumpen sind weitverbreitete Produkte, so kann die Ersatzbeschaffung im Störungsfall rasch erledigt werden. Die Einstellung einer exakten Beschickungsmenge kann einfach variiert werden.

Ein Vorteil fremdenergieunabhängiger Systeme ist logischerweise der Wegfall sämt-licher Energiekosten. Der Einbau dieser Systeme – so sie als Fertigprodukte geliefert werden – gestaltet sich wesentlich einfacher als der Pumpeneinbau. Es besteht auch keine Notwendigkeit eines Stromanschlusses, wodurch in den meisten Fällen die In-vestitionskosten der gesamten Intervallbeschickung geringer ausfallen. Externe Be-triebsstörungen (Blitzschlag, Stromausfall etc.) sind ebenfalls nicht zu erwarten.

Intervallbeschickung ohne Fremdenergie

Es gibt eine Vielzahl von bereits entwickelten Systemen, wie z.B. Kippkübel, Saughe-ber, Rohrventil, adaptierte Toilettenspülung etc. Der Einbau von zwei gängigen Syste-men wird im folgenden beschrieben.

Kippkübel

Üblicherweise wird der Kippkübel in einen separaten Schacht eingebaut und mit vier Nirostaschrauben am Boden fixiert. Der Einbau des Zulaufrohres muß dabei so erfol-gen, daß der Kübel genügend Raum (ca. 20 cm) zum Schwenken besitzt. Das Zulauf-rohr sollte dabei vertikal über der Schwenkachse des Kübels enden. Der Schachtboden ist so auszurichten, daß sämtliches Abwasser zum Pflanzenfilter abfließen kann. Die Neigung sollte allerdings nicht zu stark ausgeprägt sein, da ansonsten die Länge der Beine des Kippkübels angepaßt werden muß, um eine Schwerpunktverlagerung des Kippkübels und somit eine Beeinträchtigung der Kippfunktion zu vermeiden. Nach dem Einbau ist die einwandfreie Funktionsweise mehrmals durch einen Test mit Lei-tungswasser zu überprüfen. Die Kübel weisen in der Regel ein Schüttvolumen von ca. 100 bis 200 l auf. Damit ist auch die Größe der nachgeschalteten Pflanzenbecken be-grenzt.

Rohrventil

Das Rohrventil oder auch Schwenkrohr ist eine äußerst flexible Variante der energielosen Intervallbeschickung. Der Einsatzbereich entspricht dem von Fäkalientauchpumpen, unter der Voraussetzung eines ausreichenden natürlichen Höhenunterschiedes zwischen Intervallbeschickung und Pflanzenbecken. Das Schwenkrohr kann sowohl in die Dreikammergrube als auch in einen separaten Schacht eingebaut werden. Beim Einbau in die dritte Kammer der Dreikammergrube muß diese allerdings hydraulisch von den übrigen getrennt werden. Das heißt, die dritte Kammer muß unbedingt gegenüber den übrigen Kammern flüssigkeitsdicht hergestellt werden, denn nur so ist gewährleistet, daß Fest- und Schwimmstoffe ausreichend zurückgehalten werden. Gelangen zu große Mengen von Feststoffen in das Rohrleitungssystem bzw. in den Pflanzenfilter, droht die Gefahr der Verstopfung der Verteilerrohre und letztendlich auch des Bodenfilters. Die hydraulische Abtrennung der dritten Kammer ist auch deshalb notwendig, weil sonst eine zu große Abwassermenge pro Beschickungsvorgang in den Pflanzenfilter abfließen würde. Das Schwenkrohr wird in mehreren Bautypen angefertigt, um für unterschiedlich große Pflanzenkläranlagen geeignet zu sein.

Eingebautes Rohrventil

Die Bautypen unterscheiden sich dabei vorwiegend in ihrer Durchsatzleistung. Für größere Mehrbeckenanlagen wird das Schwenkrohr grundsätzlich in einem separaten Intervallbeschickungsschacht installiert. Ein eigener Intervallbeschickungsschacht für das Schwenkrohr empfiehlt sich auch dann, wenn eine bereits vorhandene Dreikammergrube genutzt werden soll. In diesem Fall ist ein Arbeiten innerhalb der Dreikammergrube zur Sanierung (Abdichten der dritten Kammer) nicht notwendig. Die Abwassermenge pro Beschickung wird durch den Schwenkrohrhub und die Schachtgröße gesteuert. Der Einbau des Schwenkrohres ist denkbar einfach. Es paßt exakt in handelsübliche Muffenverbindungen und ist dort unter Gleitmittelbeigabe hineinzustecken. Zu beachten ist dabei nur, daß das Ablaufrohr mit einem Gefälle zwischen 1 und 5% verlegt wird.

Beim Einbau eines Rohrventils in die dritte Kammer einer Dreikammerfaulgrube müssen die Zu- und Ablaufleitungen in der Dreikammergrube exakt nach Bauplan errichtet werden.

Intervallbeschickung mit Fremdenergie (Fäkalientauchpumpe)

Die Fäkalientauchpumpe ist die universellste Art der Intervallbeschickung. Sie macht den Betreiber unabhängig von den naturräumlichen Gegebenheiten. Das Pflanzenbecken kann höher situiert sein als die Intervallbeschickung. Es gibt verschiedene Möglichkeiten, die Fäkalientauchpumpe zu befestigen. In der Praxis hat sich jene mittels Aluflachstab und Schelle bestens bewährt. Dabei richtet sich die Installation üblicherweise nach folgendem Ablaufschema:

- Wanddurchbrüche für Stromzufuhr, Zulauf-, Überlauf- und Ablaufrohre
- Einbau und Verfugen der Überläufe in der Dreikammergrube
- Einbau der Zulaufleitung und des Schutzrohres für die Stromzufuhr
- Verfugen der Zulaufleitung und des Stromkabelschutzrohres
- Einziehen des Stromkabels
- Ablängen des Aluflachstabes zur Pumpenaufhängung
- Bohren der Löcher für Herdring- und Schellenbefestigung
- Befestigung der Pumpe mittels einer Schelle am Aluflachstab
- Bohren des Dübelloches für die Aufhängung am Herdring
- Befestigung des Aluflachstabes mit Pumpe und Schelle am Herdring
- Herstellen des erforderlichen Stromanschlusses (Schrumpfmuffenset)

Fäkalientauchpumpe mit Befestigungsvorrichtung	*Montierte Pumpe in der dritten Kammer*

Aushub des Bodenfilters	*Feinplanie der Beckensohle*

Beachten Sie beim Einbau einer Fäkalientauchpumpe folgende Hinweise:

- Grundsätzlich sollten alle elektrischen Tätigkeiten in Zusammenarbeit mit fachkundigen und berechtigten Personen durchgeführt werden.
- Die Verlegetiefe von Erdkabeln im Schutzrohr beträgt mindestens 60 bis 80 cm.
- Es ist empfehlenswert, ca. 20 cm über dem Stromkabel ein Markierungsband in die Künette zu legen.
- Bei Verwendung eines Schutzrohres kann das gesamte Kabel ausgezogen und erneuert werden.
- Die Kabelquerschnitte richten sich nach der Entfernung bis zum nächsten verfügbaren Stromanschluß bzw. dem Leistungsbedarf der Pumpe und sind von einem Fachmann festzulegen.
- Allenfalls erforderliche Zusammenschlüsse von Kabeln erfolgen am besten in der Dreikammergrube oder im Intervallbeschickungsschacht. Die Verbindungen müssen hundertprozentig wasserdicht hergestellt werden (Elektriker). Zur Sicherheit sollte die Verbindungsstelle im trockenen Bereich des Schachtes fixiert werden.
- Das Befestigungssystem der Pumpe muß aus rostfreien Materialien bestehen.
- Sämtliche Normen und Hinweise der Hersteller sind unbedingt einzuhalten.

Für größere Kläranlagen werden in der Regel Pumpen mit Drehstromanschluß verwendet. Dabei sollten sämtliche elektrischen Installationen in einem eigenen Schaltkasten errichtet werden. Die Absicherung erfolgt nach den zur Zeit gültigen Normen und Verordnungen. Die Installation einer optischen oder akustischen Warneinrichtung kann über eine Blinkleuchte oder Hupe erfolgen. Diese ist am einfachsten über einen in der Dreikammergrube installierten Schwimmer anzusteuern. Überschreitet der Wasserstand in der Dreikammergrube das zulässige Maß, so wird die Warneinrichtung aktiviert.

BAU DES BEPFLANZTEN BODENFILTERS

Der Bodenfilter bildet das Herzstück jeder Pflanzenkläranlage. Es sei nochmals darauf verwiesen, daß es eine Vielzahl unterschiedlicher Typen von Pflanzenkläranlagen – und somit auch eine Vielzahl an Möglichkeiten, einen bepflanzten Bodenfilter zu errichten – gibt. Wir möchten uns darauf beschränken, jenen Typ, der in der Steiermark (Österreich) seit 1993 als wasserrechtlich bewilligungsfähig gilt und der sich seither bei mehreren hundert Anlagen bewährt hat, näher vorzustellen. Die wesentlichen Merkmale dieses Anlagentyps lassen sich wie folgt zusammenfassen:

Wesentliche Merkmale des beschriebenen Pflanzenkläranlagentyps:

- Die Pflanzenstufe selbst ist als nicht eingestauter, bepflanzter Bodenfilter mit vertikaler Durchströmung auszubilden. Die Höhe des Ablaufrohres sollte variabel sein.
- Das Volumen des bepflanzten Bodenfilters hat mindestens 5 m³ pro Einwohner zu betragen. Die Tiefe des Beckens sollte 1,0 bis 1,5 m betragen.
- Das Filtermaterial hat aus gewaschenem Sand mit der Körnung 0/4 zu bestehen. Im Bereich unterhalb der Beschickungsfläche wird gewaschener Kies verwendet. (Beachten Sie die Sieblinien!)
- Die Beschickung des Bodenfilters erfolgt gleichmäßig über mindestens 2/3 der Filteroberfläche. Das Abwasser sollte stoßweise (intermittierend), mindestens zweimal pro Tag aufgegeben werden.
- Die Bepflanzung der Anlage wird bevorzugt mit Tiefwurzlern wie Schilf und Rohrkolben vorgenommen.
- Alle Anlagenteile müssen wasserdicht hergestellt werden.

Entsprechend diesen Vorgaben und der Tatsache, daß das Abdichten des Beckens in den meisten Fällen durch eine Folie geschieht, wird der Bau des Pflanzenbeckens nach folgendem Ablaufschema realisiert:
- Quaderförmiger Erdaushub laut Plan. Kontrolle von Breite, Länge, Tiefe und Sohlgefälle!!!
- Folienschlitze ausgraben
- Planie der Beckensohle (ggf. Sandausgleichsschicht)
- Entfernen von Steinen und Wurzeln
- Falls notwendig: Verlegen von Bauvlies
- Folie verlegen und an den Seiten gegen Abrutschen sichern
- Ablaufloch z.B. mit Lochsäge in die Folie schneiden
- Löcher für die Schraubverbindungen des Flansches bohren
- Flansch einbauen. (Beidseitig eine Dichtung verwenden!)
- Kiesausgleichsschicht für den Kontrollschacht horizontal herstellen
- Kontrollschacht auf Betonziegel aufstellen und flexiblen Schlauch sowie Ablaufleitung anschließen und verlegen
- Füllhöhen für unterschiedliches Filtermaterial an der Folienwand markieren
- Ablaufdrainage um den Kontrollschacht einbringen
- Filtermaterial entsprechend den Planungsunterlagen schichtweise einbringen

Vorbereitung für die Folienverlegung

Flansch mit flexiblem Ablaufschlauch

Verlegte Folie

Höhenmarkierungen für den Filteraufbau

Ablaufdrainage mit Kontrollschacht

Einbringen des Filtermaterials

- Herstellen einer horizontalen Feinplanie des gefüllten Beckens
- Bohren der Verrieselungslöcher in den Längsverteilern laut Plan
- Entgraten der Verrieselungslöcher
- Horizontaler Einbau der Querverteilerrinne mit Anschluß an den Zulauf zum Bodenfilter
- Verlegen der Betonauflagsteine und Fixieren der Längsverteilungsrohre
- Kontrolle auf horizontale Verlegung
- Betätigung der Intervallbeschickung und Kontrolle der Verteilung
- Abdecken des Verteilungssystems
- Sichern der Verteilungsrohröffnungen mit Fliegengitter oder Bauvlies
- Bepflanzung

Der Erdaushub wird in der Regel mit maschinellem Einsatz durchgeführt. Auch für die kleinsten Anlagengrößen entsteht ein Mindestaushub von ca. 20 m³. Ein händischer Aushub ist arbeitstechnisch und kostenmäßig ein Nachteil. Bei schwierigen Geländeverhältnissen ist es von Vorteil, schon beim Abstecken des Beckens den Rat eines Erdaushubunternehmens einzuholen. Der Aushub erfordert von seiten des Baggerfahrers ein besonderes Gespür für die Manipulation mit dem Erdmaterial. Ziel dabei sollte sein, sämtliches Aushubmaterial im Gelände unterzubringen.

Da die Beckenlängsseiten im selben Höhenniveau liegen müssen, wird bei Hanglagen eine teilweise Aufböschung notwendig sein. Eine entsprechende lagenweise Verdichtung der Böschungen verhindert später größere Setzungen des Erdmaterials. Die Beckenbreite und das Sohlgefälle sind während der Erdarbeiten mit der Waaglatte oder dem Nivellier laufend zu kontrollieren. Falls beim Aushub wasserführende Schichten angeschnitten werden, sollte unbedingt für den ungehinderten Abfluß des Hangwassers gesorgt werden. Spätere Hangrutschungen können dadurch vermieden werden.

Ein großer Vorteil ist die Verlegung der Folie in einem Stück. Dadurch können potentielle Schwachstellen (Soll-Bruchstellen an den Schweißnähten) vermieden werden. Außerdem entstehen durch das Verschweißen der Dichtungsbahnen nicht zu unterschätzende Kosten. Die Schweißnähte sind zusätzlich einer speziellen Dichtheitsprüfung zu unterziehen. Unterhalb einer Temperatur von 5° C ist das Verschweißen von Kunststoffdichtungsbahnen auf der Baustelle nicht mehr möglich.

Achten Sie bereits in der Planungsphase darauf, daß die Becken der Bodenfilter so dimensioniert werden, daß ein Verschweißen der Folie nicht notwendig ist.

Da die Folie einen quaderförmigen Körper auskleiden soll, ergibt sich an den vier Eckpunkten eine Faltenbildung. Diese Falten werden in einem Folienschlitz versteckt. Da-

Foliendurchlaß, außen

durch wird die Knickgefahr des Materials minimiert. Der Folienschlitz reicht von der Sohle des Beckens bis zur Geländeoberkante und weist eine Breite von ca. 20 cm auf.

Sämtliche spitzen Steine und Wurzeln sind von den Wänden und dem Boden des Beckens zu entfernen. Kann keine geeignete Planie hergestellt werden (z.B. felsiger, scharfkantiger Untergrund), sollte eine Sandausgleichsschicht von mindestens 5 cm Stärke eingebaut werden. Die Folie wird nach dem Verlegen gegen Abrutschen gesichert, damit die Filtrateinbringung ungestört bewerkstelligt werden kann. Dies kann durch eine Befestigung mit Schnüren ca. alle 3 Meter mühelos erreicht werden.

Der Einbau des Ablaufflansches bildet bei Verwendung einer durchgängigen Folie die einzige Schwachstelle und sollte aus diesem Grund sehr sorgfältig geschehen. Der Flansch wird knapp über Sohlhöhe eingebaut, um die Möglichkeit zu gewährleisten, die Wasserstandshöhe gering zu halten. Der Kontrollschacht wird, wie schon beschrieben, im Pflanzenbecken eingebaut. Dadurch entfällt eine zusätzliche Abdichtung des Schachtes. Im Kontrollschacht besteht die Möglichkeit zur Probenahme für die von der Behörde geforderten regelmäßigen Untersuchungen der Anlage.

Das Einbringen des Filtermaterials in den oder die Bodenfilter wird am besten maschinell erledigt. Auch hier gibt es die unterschiedlichsten Varianten, die von den örtlich gegebenen Zufahrtsmöglichkeiten abhängen. Besondere Vorsicht ist geboten, wenn mit schweren Baumaschinen oder Lastkraftwagen am Beckenrand gefahren werden muß. Es besteht Einsturzgefahr für die Beckenwände. Die Verteilung des Filtermaterials im Becken wird am besten mit dem Bagger durchgeführt. Dabei ist am Beckenrand mit besonderer Vorsicht vorzugehen, damit die Abdichtungsfolie durch den Baggerlöffel nicht verletzt wird. Ein händisches Nacharbeiten ist in den Randbereichen unbedingt notwendig.

Ein ganz wesentlicher Aspekt bei der Errichtung der Bodenfilter ist die zügige Umsetzung sämtlicher Arbeitsschritte im Bereich der Erdarbeiten.

Der Erdaushub, das Verlegen der Folie und die Befüllung mit Filtermaterial sollten, soweit möglich, an einem Tag durchgeführt werden.

Planie der Filteroberfläche

*Kontrolle auf horizontalen
Einbau der Verteilung*

*Kontrolle der Verteilung
mit Klarwasser*

Frisch bepflanzter Bodenfilter

Pflanzenbewuchs nach drei Jahren

Nach der Befüllung des Beckens mit Kies sollte dieser maschinell grob vorplaniert werden. Die horizontale Feinplanie ist mit Hilfe von Rechen, Waaglatte oder Schaufel herzustellen. Dabei ist darauf zu achten, daß genügend Freibord für die Anschlußleitung im Zulaufbereich vorhanden ist. Das Rohrverteilersystem für die vertikale Beschickung der Anlage ist auf Leistung der Intervallbeschickung, Beschickungsmenge und Beckenformat abgestimmt. Die Verteilung ist laut Plan einzubauen. Die Verrieselungslöcher sollten nach dem Bohren entgratet werden, damit sich die Verstopfungsgefahr minimiert. Die Verteilung wird horizontal oder mit leichtem Gefälle installiert. Mit Hilfe der Betonsteinauflager können geringfügige Niveauunterschiede gut ausgeglichen werden. Vor dem Zudecken des Verteilungssystems (z.B. mit Bauvlies, Holzprofilen usw.) sollte die Intervallbeschickung mit Reinwasser ausgelöst und die gleichmäßige Verteilung des Wassers in der Praxis kontrolliert werden.

Die Bepflanzung der Anlage erfolgt am besten in der Vegetationsperiode von Ende April bis Ende Juli. Ein späteres Setzen der Pflanzen bis Anfang Oktober ist zwar auch noch möglich, allerdings ist mit erhöhtem Ausfall zu rechnen. Im Herbst fertiggestellte Anlagen können auch ohne Bepflanzung in Betrieb gehen. Diese müssen dann im darauffolgenden Frühjahr begrünt werden. Die Bepflanzung erfolgt zwischen den Längsverteilerrohren möglichst in der Nähe der Rohre. Am einfachsten, aber auch kostspieligsten ist das Setzen von Topfpflanzen. Es gibt auch eine Vielzahl an geeigneten Sumpfpflanzen. Ein wesentliches Kriterium ist die Bepflanzung mit Tiefwurzlern wie Schilf oder Rohrkolben. Werden unterschiedliche Arten von Pflanzen verwendet, muß zumindest eine Art von Tiefwurzlern gesetzt werden. Kalmus, Froschlöffel, Iris, Binsen etc. sind nur einige weitere heimische Sumpfpflanzen, die dafür in Frage kommen. Es empfiehlt sich aber, diese Pflanzen eher im südlichen Randbereich und nicht in Beckenmitte zu setzen, da ansonsten nach ca. zweijähriger Betriebsdauer das Schilf oder der Rohrkolben diese Gattungen verdrängt haben wird.

BAU DER ZU- UND ABLEITUNGSKANÄLE

Die Zu- und Ableitung des Abwassers erfolgt über flüssigkeitsdichte Kanäle oder Schlauchleitungen. Im Streusiedlungsbereich des ländlichen Raumes kommen vereinfachte Verlegevorschriften zur Anwendung. Das Abwasser wird in der Regel im Trennsystem abgeleitet, d.h. Regenwasser wird nicht in den Abwasserkanal eingeleitet, sondern über eigene Regenwasserleitungen transportiert. Dies ist unbedingt zu berücksichtigen, da bei Mischsystemen im Falle von Starkregenereignissen die Kläranlage und das Kanalnetz hydraulisch völlig überlastet werden. Die Regenwassermenge kann die Abwassermenge mitunter um das Drei- bis Fünffache übersteigen. Niederschlagswasser sollte – wenn möglich – auf dem eigenen Grundstück verrieselt werden.

Im kontrollierten Selbstbau ist Bedacht auf möglichst vereinfachte Verlegung von Rohrleitungen zu nehmen. Deshalb haben sich in den letzten Jahren vor allem Kunststoffrohrsysteme mit Muffendichtung durchgesetzt. Im Trennsystem werden bei kleineren Kanalsystemen Rohrleitungen mit dem Querschnitt DN 100 und DN 150 verwendet. Die Verlegung soll in frostsicherer Tiefe durchgeführt werden. In unseren geographischen Breiten ist dafür eine Überdeckung von ca. 80 cm notwendig. Da das Wasser die Angewohnheit hat, bergab zu fließen, ist aus Sicht der Verfasser Kanalsystemen mit natürlichem Gefälle der Vorzug zu geben. Pumpsysteme sind aufgrund ihrer hohen Betriebskosten und der Störanfälligkeit besser zu vermeiden. Das Gefälle der Kanalsohle sollte nur in Ausnahmen weniger als 1% aufweisen. Vertikale und horizontale Richtungsänderungen sind gangbar. Allerdings sollte die Summe der horizontalen Richtungsänderungen ohne Schacht 45° nicht überschreiten. Der maximale Abstand zwischen zwei Schächten beträgt 150 m. Gerade bei kleinerräumigen Entsorgungsgebieten kann eine angepaßte, einfache Kanaltrassenführung zu erheblicher Kostenreduktion führen.

Vor allem in diesem Bereich kommt es auf eine intelligente Planung an, bei der Kanalstränge möglichst so verlegt werden, daß keine großen Kanaltiefen zu erwarten sind. Sinnvollerweise ist bei der Festlegung der Kanaltrasse darauf zu achten, daß versiegelte Flächen wie Straßen oder Plätze gemieden werden. Ein im Grün- oder Ackerland verlegter Kanal führt zu beträchtlichen Kostenreduktionen, da keine aufwendigen Wiederherstellungsarbeiten notwendig sind. Kanalschächte sollten gut zugänglich sein, damit die Wartung der Kanalanlage problemlos möglich ist.

Die Tiefe der Kanalkünette sollte nicht mehr als 1,25 m betragen. Bis zu dieser Tiefe sind Grabarbeiten ohne aufwendige Pölzungen möglich. Es ist in jedem Fall notwendig, auch in geringer Tiefe bei Kanalverlegungsarbeiten Vorsicht walten zu lassen, besonders dann, wenn man es mit Wassereintritt und rutschgefährdeten Erdschichten zu tun hat. Die Kanalkünette ist in ausreichender Breite zu graben, so daß ein sicheres Arbeiten bei der Verlegung möglich ist. Das Erdmaterial der Kanalsohle muß entsprechend verdichtet und tragfähig sein. Luftsäcke unterhalb der Rohrleitungen sind zu vermeiden. Für die Abdeckung der Rohrleitung muß geeignetes Material verwendet werden. Spitze Steine, Bauschutt und sonstige scharfkantige Gegenstände können beim unsachgemäßen Verfüllen der Künetten zu Beschädigungen der Rohrleitungen führen.

Es ist darauf zu achten, daß die Verlegevorschriften der Herstellerfirmen eingehalten werden, denn nur eine fachgemäße Verlegung gewährleistet eine lange Lebensdauer der Kanalleitungen.

Die Ableitung des biologisch gereinigten Abwassers aus der Pflanzenkläranlage kann in Schlauchleitungen mit geringem Querschnitt (zum Beispiel DN 50) erfolgen. Dies ist deshalb möglich, da bei einer Pflanzenkläranlage eine Abdrift von Klärschlamm ausgeschlossen werden kann und der Anteil der Schwebstoffe und absetzbaren Feststoffe im Ablauf durch die Filterwirkung der Pflanzenkläranlage so gering ist, daß eine Verstopfung der Schlauchleitung unwahrscheinlich ist.

WERKZEUGLISTE

Folgende Werkzeuge sollten auf der Baustelle vorhanden sein:

Erforderliche Werkzeuge	
Erdbewegungsgeräte	Spaten Spitzschaufel Haue Rechen Scheibtruhe
Werkzeuge für Betonarbeiten	Mischmaschine Maurerkelle Maurerpfandl Spachtel Betonkübel
Bohr- und Stemmwerkzeuge	Bohrhammermaschine (z.B. Hilti) Handbohrmaschine Akku-Schrauber Steinbohrer M 14, M 12, M 6 Flachmeißel Metallbohrer M 12, M 8,5, M 8, M 5 Lochsäge
Meßwerkzeuge	ggf. 1 Nivelliergerät mit Stativ, Meßlatte Waaglatte 2,50 m Wasserwaage 1 m Wasserwaage 0,60 m Maßband 20 oder 50 m Zollstab oder Rollmeter Schnurlot

Erforderliche Werkzeuge	
Werkzeuge zum Befestigen	Maulschlüssel M19, M17, M15, M13, M10, M8 Rohrzange Kombizange Kreuzschlitzschraubenzieher Flachschlitzschraubenzieher
Sonstige Werkzeuge	Vorschlaghammer Fäustl Schalungshammer Stanleymesser Rohrabschneider Flachfeile Heißluftleister Bügelsäge Kabelisolierzange Kabeltrommel Schnur Holzpflöcke (Dachlatten ca. 1 m lang)

DER LAUFENDE BETRIEB

Neben der fachgerechten Planung und Errichtung spielt die Betriebsführung für das Funktionieren der Pflanzenkläranlage eine wesentliche Rolle. Ähnlich einem Auto sind dabei, um die Pflanzenkläranlage „am Laufen" zu halten, regelmäßige Wartungstätigkeiten und Kontrollen erforderlich, wobei zwischen Eigenüberwachung und Fremdüberwachung unterschieden wird.

Einer der großen Vorteile einer Pflanzenkläranlage gegenüber anderen Reinigungssystemen liegt in ihrer Einfachheit. Dies schlägt sich sowohl in einer hohen Betriebsstabilität als auch in der Problemlosigkeit der Wartung nieder.

Der Vorteil bezüglich der Betriebsstabilität wird auch aus einer Untersuchungsreihe der Steiermärkischen Landesregierung ersichtlich. Das Referat „Gewässeraufsicht" untersuchte in einem Schwerpunktprogramm biologische Kleinkläranlagen in den Bezirken Weiz und Judenburg. Im Umweltschutzbericht 1996 wurden die Ergebnisse veröffentlicht. In den beiden Bezirken waren 61 biologische Kleinkläranlagen untersucht worden, wobei sich darunter 14 Pflanzenkläranlagen befanden. Von diesen hielten 13 die bescheidmäßig festgelegten Ablaufwerte ein. Lediglich eine Anlage erfüllte zum Zeitpunkt der Untersuchung die geforderten Werte nicht. Von den restlichen 47 Anlagen – Belebungsanlagen, Tauchtropfkörper, Bodenkörperfilteranlagen usw. – erfüllten 14 die behördlich vorgeschriebenen Grenzwerte nicht.

Das Ergebnis dieser Untersuchungsreihe läßt sich folgendermaßen zusammenfassen:

Untersuchungsergebnisse der Steiermärkischen Gewässeraufsicht 1996		
	Pflanzen-kläranlagen	andere Reinigungssysteme
Anzahl der untersuchten Anlagen	14	47
davon in Ordnung	13	33
Anteil der Kläranlagen, die funktionierten	**93%**	**70%**

EIGENÜBERWACHUNG UND WARTUNG

Jene Tätigkeiten, die in der alleinigen Verantwortlichkeit des Betreibers liegen, werden dem Sammelbegriff der Eigenüberwachung zugeordnet. Dazu zählen Kontrollgänge und leicht auszuführende Wartungstätigkeiten an einzelnen Bauteilen sowie, falls erforderlich, die Korrespondenz mit der Wasserrechtsbehörde. Die Eigenüberwachung kann sowohl von Fachfirmen, die dafür eigene Wartungsverträge anbieten, als auch, nach einer eingehenden Einschulung durch die Planer, vom Betreiber der Pflanzenkläranlage selbst durchgeführt werden. Aus Kostengründen wird die Eigenüberwachung zumeist von den Betreibern selbst durchgeführt. Die wesentlichen Faktoren in der Eigenüberwachung von Pflanzenkläranlagen liegen, wie die Praxis in den letzten Jahren gezeigt hat, in deren sachlich richtiger und regelmäßiger Durchführung.

Die in diesem Zusammenhang in der Vergangenheit von Skeptikern geäußerten Bedenken, daß die Betreiber mit der Durchführung von Wartungtätigkeiten bei einer Kläranlage generell überfordert seien, treffen für Pflanzenkläranlagen nicht zu. Fast alle Wartungtätigkeiten bei einer Pflanzenkläranlage können von den Betreibern selbst vorgenommen werden. Ausgenommen sind im wesentlichen die maschinellen Ausstattungen wie Pumpen oder Schwenkrohre zur Intervallbeschickung. Die Einschulung in die Eigenüberwachung bzw. in die Wartungtätigkeiten der Pflanzenkläranlage erfolgt in der Regel im Zuge der Bauaufsicht durch die Projektanten. Die Betreiber lernen im Rahmen des „kontrollierten Selbstbaus" die wesentlichen Bau- und Funktionsmerkmale ihrer eigenen Abwasserreinigungsanlage kennen und verstehen.

Pflanzenkläranlagen können, was Reinigungsleistung und Betriebsführung betrifft, als sehr stabiles und zuverlässiges Abwasserreinigungssystem angesehen werden. Dies liegt an der relativ einfachen Bauweise mit wenig technischen und maschinellen Einrichtungen. Diese Eigenschaft läßt wiederum wenig Manipulationsmöglichkeiten von außen zu. Die Gefahr von technischen Störungen und negativer Einflußnahme auf die Betriebsfähigkeit durch unsachgemäße Wartung und Betriebsführung kann zwar nicht ausgeschlossen werden, ist aber, was auch die Praxis in den letzten Jahren gezeigt hat, als sehr gering anzusehen. Betriebsstörungen, wie z.B. der Ausfall der Intervallbeschickung, wirken sich zwar nicht sofort, aber mit zeitlicher Verzögerung dennoch auf die Reinigungsleistung der Pflanzenkläranlage aus. Deshalb liegt ein wesentlicher Faktor für eine gut funktionierende Eigenüberwachung durch den Betreiber in der regelmäßigen Funktionskontrolle der verschiedenen Bauteile. Der monatliche Zeitaufwand für die Eigenüberwachung (Wartungtätigkeiten und Funktionskontrollgänge) liegt nach Aussagen von Betreibern von Einzelkläranlagen bei ungefähr einer Stunde.

In der Praxis hat sich die Eigenüberwachung durch die Betreiber nicht nur als durchaus sinnvoll und effizient erwiesen; sie hat auch den bewußten Umgang mit dem Nahrungsmittel Wasser gefördert. Die meisten Anlagen, die von Betreibern selbst gewartet werden, weisen einen sehr guten Wartungs- und Betriebszustand auf, was sich auch durch eine Vielzahl von Ablaufuntersuchungen belegen läßt. Sämtliche im Rahmen der Eigenüberwachung anfallenden Tätigkeiten sollten im Betriebsbuch vermerkt werden. So läßt sich auch bei stichprobenartigen Untersuchungen der Wasserrechtsbehörden der ordnungsgemäße Betrieb der Pflanzenkläranlage nachweisen.

Im Zusammenhang mit der Eigenüberwachung ist dem Betriebsbuch ein wesentliches Augenmerk zu schenken.

Das Führen eines vom Planer erstellten Betriebsbuches wird üblicherweise als eine der im Wasserrechtsbescheid angeführten Auflagen verpflichtend vorgeschrieben. Das Betriebsbuch sollte nach unseren bisherigen Erfahrungen so aufgebaut sein, daß es dem Betreiber der Pflanzenkläranlage auf gut verständliche Weise den sachgemäßen Betrieb der Abwasserreinigungsanlage näherbringt. Um bei etwaig auftretenden Unklarheiten schnell reagieren zu können, hat es sich in der Praxis als sinnvoll erwiesen, neben dem vom Planer erstellten Betriebsbuch sämtliche sonstigen die Abwasserreinigungsanlage betreffenden Dokumente und Schriftstücke (in Kopie) greifbar zu haben. Diese Unterlagen sollten im Betriebsbuch abgeheftet werden. Da es verschiedene Pflanzenkläranlagen gibt, die sich in mehr oder weniger Details voneinander unterscheiden, geben wir im folgenden ein nach unseren Vorstellungen vollständiges Inhaltsverzeichnis für ein Betriebsbuch an.

Inhaltsverzeichnis für ein Betriebsbuch

- Sicherheitshinweise
- Betriebsanleitung
- Wartungsanleitung
- Eigenüberwachungsblätter
- Untersuchungsbefunde
- Wasserrechtsbescheid
- Wasserrechtliches Einreichprojekt

- Gutachten
- Fotos
- Verträge mit Nachbarn und Anrainern
- Genossenschaftsvertrag
- Wartungsvertrag
- Gemeindestellungnahmen
- Bauaufsichtsbestätigung

WARTUNG DURCH DEN BETREIBER

Wie schon in den allgemeinen Bemerkungen zur Eigenüberwachung angeführt wird, liegt die Verantwortung für ordnungsgemäßen Betrieb und Wartung beim Betreiber der Pflanzenkläranlage. Ob er sich dabei Dritter bedient oder alles selbst ausführt, ist seine subjektive Entscheidung und spielt für den Umfang der für den Betrieb erforderlichen Kontroll- und Wartungstätigkeiten keine Rolle.

Der laufende Betrieb erfordert einerseits regelmäßige Kontrollen der einzelnen Bauteile auf ihre Funktionstüchtigkeit hin, und andererseits einfache Wartungstätigkeiten, die den störungsfreien Betrieb der Pflanzenkläranlage gewährleisten. Der zeitliche Aufwand dafür beträgt für Einzelkläranlagen nach Auskunft vieler Betreiber monatlich ungefähr eine Stunde.

Wartung der mechanischen Vorreinigung

Eine wesentliche Voraussetzung für das Funktionieren der Pflanzenkläranlage im Dauerbetrieb ist die sorgfältige mechanische Vorreinigung des Rohabwassers vor der Intervallbeschickung. Die Wahl des Vorreinigungssystems hat bisher noch keine meßbaren Auswirkungen auf die Reinigungsleistung der Pflanzenkläranlage erkennen lassen. Sehr wohl spielt jedoch die regelmäßige Entleerung der mechanischen Vorkläreinrichtung für den Betrieb der Pflanzenkläranlage eine Rolle. Dabei geht es, unabhängig vom Vorreinigungssystem, in erster Linie darum, daß möglichst wenig Schwimm- und Feststoffe in die Pflanzenkläranlage gelangen.

Die Art der Weiterbehandlung des in der mechanischen Vorklärung anfallenden Klärschlamms wird üblicherweise bereits in der Planung berücksichtigt und in die Auflagen des Wasserrechtsbescheides aufgenommen. Die ordnungsgemäße Entsorgung des Grubeninhalts läßt in der Praxis, je nach den örtlich vorherrschenden Bedingungen (Boden, Gelände, Grundwasserverhältnisse, umliegende Trinkwasserversorgungsanlagen,…) und gesetzlichen Vorschriften, mehrere Möglichkeiten offen. Zu den am häufigsten angewandten Verfahren der Klärschlammbehandlung bei Pflanzenkläranlagen zählen die Kompostierung, die Klärschlammvererdung, die landwirtschaftliche Verwertung und der Grubendienst. Einige dieser hier aufgezählten Verfahren werden im Kapitel Klärschlammbehandlung näher beschrieben.

Mehrkammerfaulgrube

Zumeist wird zur mechanischen Vorreinigung eine Dreikammerfaulgrube eingesetzt.

Der Wartungsschwerpunkt liegt in der „ordnungsgemäßen" Behandlung des Klärschlamms. Was einer „ordnungsgemäßen" Behandlung des Klärschlamms entspricht, wird normalerweise schon in der Planung festgelegt.

An den Baulichkeiten der Mehrkammerfaulgrube muß im Regelfall nicht manipuliert werden. Dennoch sind regelmäßige Kontrollen der Mehrkammerfaulgrube erforderlich. Die folgenden Punkte sind bei den Wartungtätigkeiten einer Mehrkammerfaulgrube zu beachten:

- Sämtliche Wartungtätigkeiten an der mechanischen Vorreinigung sind im Betriebsbuch zu vermerken.
- Die Entleerung der Mehrkammergrube ist in den Zeitintervallen vorzunehmen, die im technischen Bericht oder im Betriebsbuch angegeben sind.
- Die Entleerung erfolgt durch einen Saugwagen (Güllefaß, Grubendienst) oder mittels einer Fäkalientauchpumpe.
- Bei der Entleerung der Mehrkammergrube ist darauf zu achten, daß ca. 1/10 der Schlammenge in der Vorklärung zurückbleibt.

- Um möglichst wenig Schlamm in der ersten Kammer aufzuwirbeln, sollte die Befüllung der Mehrkammerfaulgrube bis zum ursprünglichen Pegelstand mittels Reinwasser aus der zweiten oder dritten Kammer erfolgen.
- Als eine Faustregel für den Bedarf einer Entleerung kann das Auftreten einer Schwimmschlammdecke bzw. eine merkbare Zunahme der Trübung in der letzten Kammer gewertet werden.
- Ist die Mehrkammergrube mit ca. 0,5 m³ je Person dimensioniert, ist nach bisherigen Erfahrungen in jedem Fall eine jährliche Entleerung erforderlich.
- Achten Sie darauf, daß die einzelnen Überläufe der Trennwände sowie die Zu- und Ableitungen verstopfungsfrei gehalten werden.

> **Bildet sich in der dritten Kammer der Mehrkammerfaulgrube Schwimmschlamm, so ist die Mehrkammergrube sofort zu entleeren.**

Filtersackanlage

Das Filtersacksystem (Filtersackanlage) dient wie die Mehrkammergrube als mechanisches Vorreinigungssystem. Das Filtergut, das in Filtersäcken aus Kunststoff zurückgehalten wird, beträgt ca. 50 kg pro Jahr und Person und kann kompostiert werden. Das kompostierte Filtergut sollte nur im Landschaftsbau (z.B. für Sträucher, Baumscheiben, Staudenrabatten), nicht jedoch im Gemüsebau, eingesetzt werden. Das in der Filtersackanlage anfallende Filtergut kann auch mittels Grubendienst bei einer kommunalen Kläranlage entsorgt werden.

Im Unterschied zur Mehrkammergrube erfordert der Betrieb des Filtersacksystems erheblich mehr Wartungsaufwand und Kosten. Einerseits müssen die Filtersäcke (je nach Größe) regelmäßig (nach bisherigen Erfahrungen 1–2 mal pro Jahr) gewechselt, entleert, zwischengelagert und kompostiert werden, andererseits betragen die pro Person anfallenden jährlichen Kosten für die Filtersäcke zwischen 100 und 200 öS. So steht dem Vorteil des verhältnismäßig geringen Klärschlammanfalls nebst einfacher Kompostierfähigkeit und Wiederverwertung der Nachteil des erhöhten Wartungs- und Kostenaufwandes (auch bezüglich Errichtung) gegenüber.

Als limitierender Faktor für einen sinnvollen Einsatz des Filtersacksystems ist aus planerischer, aber auch aus betriebstechnischer Sicht eine maximale Ausbaugröße der Abwasserreinigungsanlage von 10 EW zu nennen.

Die folgenden Hinweise dienen als Anleitung für die Eigenüberwachung der Filtersackanlage und sollten beachtet werden. (Die Kompostierung des Filtergutes ist im Kapitel „Klärschlammbehandlung" erläutert.)

Das Filtersacksystem sollte in monatlichen Abständen kontrolliert werden. Dabei sollten folgende Positionen überprüft werden:

- Die Unversehrtheit und die Anzahl der vollständig gefüllten Filtersäcke nach Strängen (links oder rechts).
- Der ordnungsgemäße Sitz der Befestigungsschellen und der Aufhängungen ist zu kontrollieren.
- Der Zustand der einzelnen Anlagenteile wird ins Eigenüberwachungsblatt unter der jeweiligen Position eingetragen.

Klärschlammbehandlung

Die Kompostierung von Filtersackmaterial

Die Kompostierung von Filtersackmaterial unterscheidet sich vom Prinzip her nicht von jener einfacher Garten- und Haushaltsabfälle. Sie sollte aber aus folgendem Grund separat davon durchgeführt werden: Menschliche Fäkalien können, je nach Gesundheitszustand des Ausscheiders, krankheitserregende Keime enthalten. Die richtige Kompostierung hat den Vorteil, daß das Kompostmaterial durch die Einwirkung hoher Temperaturen hygienisiert wird, das heißt, daß die eventuell darin enthaltenen Krankheitskeime abgetötet werden. Eine hundertprozentige Hygienisierung kann nicht garantiert werden, daher sollte man Kompost aus Fäkalien nicht im Gemüsegarten verwenden. Das Produkt aus der Filtersackkompostierung kann aber zur Düngung von Blumen, Sträuchern und Bäumen verwendet werden.

Tätigkeiten an der Filtersackanlage

Sobald die Säcke eines Stranges vollgefüllt sind, wird der Kläranlagenzulauf mittels Steckschieber auf den zweiten Strang umgeleitet. Die vollen Säcke haben nun etwa ein halbes Jahr lang Zeit, um gut abzutropfen. Danach sollten sie abgehängt und in einer Erdmulde neben dem Kompostplatz ein weiteres halbes bis ganzes Jahr lang zwischengelagert werden. Anschließend kann das Filtersackmaterial gut mit anderen kompostierbaren Stoffen vermischt werden. Die Kompostierung sollte jährlich durchgeführt werden. Das dazu notwendige Strukturmaterial (Häckselschnitt, Grasschnitt) muß rechtzeitig bereitgestellt werden. Es wird empfohlen, den Zeitpunkt des Schieberwechsels, die Anzahl der gefüllten Säcke und die Dauer der Abtropfzeit der Säcke im Betriebsbuch zu vermerken, um einen Überblick über die Menge und das Alter des zu kompostierenden Materials zu behalten.

Wahl des Kompostplatzes

Ein Platz, der leicht im Schatten liegt, ist von Vorteil (sonst Gefahr der Austrocknung). Der Komposthaufen sollte ebenerdig auf naturbelassenem Gartenboden angelegt werden.

Zusammensetzung des Komposthaufens

Die Zersetzung des Kompostmaterials durch die Mikroorganismen funktioniert am besten, wenn ein günstiges Nährstoffangebot und ausreichend Luft und Feuchtigkeit im Komposthaufen bereitgestellt werden. Daher ist es wichtig, eine lockere Mischung aus grobem und feinem, trockenem und feuchtem Material herzustellen. Ein bestimmtes Verhältnis von stickstoffhältiger zu kohlenstoffhältiger Substanz (C:N-Verhältnis) sollte daher bei der Zusammensetzung des Komposthaufens angestrebt werden. Optimal ist der Bereich von 20 bis 30:1 (also 20 bis 30mal soviel Kohlenstoff wie Stickstoff im Ausgangsmaterial). Stickstoffreich sind der Filtersackinhalt, Gras bzw. Rasenschnitt (schwer und feucht). Als kohlenstoffreich gelten Strauchschnitt, Häckselgut, Laub, Stroh und Sägemehl (trocken und leicht). Grundsätzlich sollte man bestrebt sein, möglichst viele verschiedene Materialen in einem Komposthaufen unterzubringen.

Die folgende Tabelle kann als Anhaltspunkt für die Zusammensetzung des Komposthaufens dienen: Ausgehend vom vorhandenen Gewicht an Filtersackmaterial wurden je halb soviel Häckselgut, Gras und Gartenabfälle beigemischt. (Die Zugabe von Gartenabfällen kann auch entfallen, wenn diese lieber für einen separaten Komposthaufen verwendet werden.) Fast alle Kompostratgeber halten darüber hinaus die Zugabe von zirka 10 Gewichtsprozent Erde günstig für die Verrottung des Materials. Wenn das Filtersackmaterial, wie oben angegeben, nach der Abtropfzeit noch ein halbes bis ganzes Jahr lang zwischengelagert wird, ist die Zugabe von Steinmehl zur Geruchsbindung nicht unbedingt notwendig.

Zusammensetzung des Komposthaufens		
Art des Materials	**Verhältnis von C zu N**	**Gewichtsanteile**
Filtersackinhalt	10/1	1
Häckselgut	100/1	0,5
Grasschnitt	20/1	0,5
Gartenabfälle	25/1	0,5
Steinmehl, Erde	wird nicht einbezogen	je 0,1
		C/N = 82,5/2,5 = 33

Wenn möglich sollte mindestens 1 m³ an zu kompostierendem Material verwendet werden, damit genug Wärme bei der Verrottung entsteht.

Feuchtigkeitsgehalt

Bei Wassermangel stellen die Mikroorganismen ihre Arbeit ein (sie kapseln sich ab), so lange, bis es wieder feuchter wird – z.B. durch Regen bzw. Bewässerung. Ist es hingegen zu feucht (was in der Praxis meist der Fall ist), kommt es durch Luftmangel zu unerwünschten Fäulnisvorgängen.

Die richtige Feuchtigkeit kann mit der sogenannten Faustprobe bestimmt werden. Dazu nimmt man das Kompostmaterial in die Faust und preßt es, so fest es geht, zusammen. Bei einer optimalen Feuchtigkeit darf zwischen den Fingern kein Wasser austreten. Beim Öffnen der Faust muß das Material aber in Form eines „Knödels" zusammenhalten.

Aufsetzen des Komposthaufens

Die Grundfläche sollte mit einer 10 bis 20 cm hohen Schicht aus grobem Material (Reisig, Baum- oder Heckenschnitt) bedeckt werden, damit eine ausreichende Sauerstoffzufuhr auch von unten gewährleistet ist. Auf dieser Unterlage wird der Komposthaufen aufgebaut. Vor dem Aufsetzen werden die Ausgangsstoffe mit einer Mistgabel gemischt. Die Mischung wird locker auf der Reisigunterlage aufgeschichtet. Außen wird eine zirka 10 cm dicke Schicht von mit angewelktem Gras vermischtem Häckselgut aufgelegt. Danach wird das Ganze mit einem Kompostvlies abgedeckt.

Der weitere Verlauf der Kompostierung

Die Temperaturen im Komposthaufen steigen nach wenigen Tagen bis auf 60° C und mehr an, und wärmeliebende Mikroorganismen übernehmen die Arbeit. Danach folgt eine kühlere Phase, in der andere Millionen von Mikroorganismen aktiv werden und weiter abbauen. Später bevölkern auch Springschwänze, Regenwürmer und viele andere Tiere den Komposthaufen.

Nach rund zehn Tagen sollte man nachsehen, wie es mit der Feuchtigkeit im Inneren des Komposthaufens aussieht. Es kann sein, daß dieser Bereich aufgrund der großen Hitze ausgetrocknet ist, was sich durch einen weißen Schimmelbelag zeigt und durch die Faustprobe leicht überprüfen läßt. Durch Zugabe von Wasser (mit der Gießkanne) kann das Material angefeuchtet werden. Sollte sich jedoch zeigen, daß der Wassergehalt zu groß war und Fäulnis eingetreten ist, was man an üblem Geruch und blauschwarzer Verfärbung erkennt, so kann man durch Zugabe von trockenem Material bzw. von Strukturmaterial die Mischung korrigieren.

Ist die Mischung weder zu feucht noch zu trocken, kann man warten, bis der Haufen abgekühlt ist, und ihn dann umsetzen. Durch das Umsetzen wird den Mikroorganismen wieder der lebensnotwendige Sauerstoff für die weitere Zersetzungstätigkeit nachgeliefert. Das Material wird weiter zerkleinert und abgebaut, und der Haufen sackt wieder etwas zusammen.

Wenn das Material nach der ersten Phase erhöhter Temperatur noch ein- bis zweimal umgesetzt wird, kann es im darauffolgenden Frühjahr (wenn notwendig) abgesiebt und zum Düngen verwendet werden. Die übrigbleibenden groben Partikel werden wieder für die neue Kompostierung genutzt.

Vorsichtsmaßnahmen beim Kompostieren

- Verwenden Sie Gummihandschuhe und Gummistiefel beim Hantieren mit den Filtersäcken und beim Kompostieren.
- Waschen Sie die benötigten Arbeitsgeräte, Gummihandschuhe und -stiefel.
- Achten Sie darauf, daß nicht unbedacht mit dem Material hantiert wird.
- Verwenden Sie den fertigen Kompost nicht im Gemüsegarten, sondern zur Düngung von Blumen, Sträuchern und Bäumen (z.B. Einarbeitung in die obersten Bodenschichten bei der Pflanzung oder Düngung).

Durch diese Ratschläge soll nicht der Anschein erweckt werden, als hätten Sie es bei den Filtersäcken mit lebensgefährlichen Stoffen zu tun. Wir möchten auch keinesfalls Ihren Hausverstand beim Umgang damit anzweifeln. Es soll nur bewußt gemacht werden, daß im Ausnahmefall Krankheitserreger weitergegeben werden können.

Klärschlammvererdung

Der in der Dreikammerfaulgrube anfallende Primärschlamm kann einer weitergehenden Behandlung in Form einer Klärschlammvererdung zugeführt werden. Dabei kann von folgenden Bemessungskriterien ausgegangen werden:

- Naßschlammanfall .... 250 l/Einwohner und Jahr
- Feststoffgehalt .... 54 g/Einwohner und Tag
- Flächenbedarf .... 0,25–0,5 m²/Einwohner

Verfahrensbeschreibung

Ein in der Nähe des Pflanzenbeckens oder der mechanischen Vorreinigung gelegenes Vererdungsbecken wird gegen den Untergrund mit einer Folie abgedichtet. Am Boden des Beckens befindet sich eine Drainageschicht aus abgestuften Schichten. Der Schichtaufbau von unten nach oben verhält sich wie folgt:

- gewaschener Kies .... 4/8 15 cm
- gewaschener Sand .... 0/4 10 cm
- Humus .... 5 cm

Die Wände des Vererdungsbeckens werden im Verhältnis 1:1 abgeböscht, um gegen Wasser- bzw. Erddruck gesichert zu sein. An der tiefsten Stelle des Beckens befindet sich ein Kontrollschacht, aus dem die Sickerwässer zur Pflanzenkläranlage oder zur mechanischen Vorreinigung zurückgeleitet werden. Die Bepflanzung wird mit fünf Schilfpflanzen *(Phragmites communis)* pro m² in der Humusschicht vorgenommen.

In der Zeit von Mai bis September wird der Primärschlamm aus der Dreikammergrube auf das Vererdungsbecken gepumpt, und zwar so, daß eine gleichmäßige Verteilung erreicht wird.

Wassergehalt

Der anfängliche Wassergehalt von ca. 95% wird durch die mechanisch abgeleiteten Sickerwässer und die Wasseraufnahme bzw. die Verdunstungsleistungen des Schilfs stark reduziert. Nach einem Jahr ohne Beschickung wird ein mittlerer Wassergehalt von 60% erreicht. Der vererdete Schlamm besitzt eine krümelige, feste, nicht mehr schmierige Beschaffenheit.

Laufender Betrieb

Im 1. Betriebsjahr soll sich ein guter Schilfbestand entwickeln. Die Pflanzen sind dabei in die Sand- bzw. Humusschicht zu setzen, wobei ein zeitweiliger Überstau mit Wasser zum Anwachsen vorteilhaft ist. Wichtig ist das Entfernen sämtlicher anfliegender Gräser und Samen sowie die regelmäßige Kontrolle der Wasserversorgung und des Zustands der Pflanzen. Sobald sich ein stabiler Zustand des Bewuchses eingestellt hat, ist keine weitere Pflege notwendig. Im 2. Jahr kann das Vererdungsbecken mit Klärschlamm beschickt werden. Damit die Entwässerung des Klärschlamms gut funktioniert, sollte pro Beschickung maximal zwischen 5 und 10 cm Naßschlammhöhe aufgebracht werden. Daher empfiehlt es sich, jährlich mehrere Beschickungen durchzuführen. Der jährliche Schlammhöhenzuwachs beträgt ca. 10 cm. Bis zum Erreichen der maximalen Füllhöhe dauert es etwa 7 Jahre. Bei der Räumung des Vererdungsbeckens wird außer der Filterschicht eine 5–10 cm dicke Schicht im Beet verbleiben. Das Endprodukt, der vererdete Klärschlamm, ist ein hygienisch einwandfreies, biologisch stabiles, humusähnliches Material mit einem Wassergehalt von 60%. Das Material sollte für die Bodenverbesserung bei Blumenbeeten, Stauden und Bäumen oder für sonstige Landschaftsbaumaßnahmen verwendet werden.

Filtersackkompostierung

Entwässerung des Klärschlamms
durch Schilfwurzeln

Klärschlammvererdungsbecken

Transport zur nächsten Kläranlage und andere Verfahren

Falls auf dem eigenen Grundstück keine Möglichkeit zur Weiterbehandlung des Klärschlamms nach den obengenannten Verfahren besteht, bleibt noch die Variante des Abtransports zur nächsten kommunalen Kläranlage. Dort muß eine Fäkalienübernahmestation vorhanden sein. Der Transport kann in Eigenregie oder von einem konzessionierten Unternehmen durchgeführt werden. Abnahmeverträge und Übernahmebestätigungen sind im Betriebsbuch aufzubewahren.

Die Kompostierung des Klärschlamms aus der mechanischen Vorreinigung im Zuge großbetrieblicher landwirtschaftlicher Kompostierverfahren war in jüngster Zeit nicht Thema einer Untersuchung. Diese Art der Klärschlammverwertung läßt allerdings die Vermutung zu, daß bei dem richtigen Mengenverhältnis von Wirtschaftsdünger zu Klärschlamm bei fachgerechter Kompostierung keine hygienischen Bedenken bestehen dürften.

Das Ausbringen des Primärschlamms aus der Dreikammergrube auf landwirtschaftliche Flächen ohne eine vorherige Behandlung ist rechtlich nicht eindeutig geklärt und wird von Fall zu Fall entschieden; auch dann, wenn der Schlamm zur Gülleverdünnung verwendet wird. Dabei stellt sich die Frage, ob bei einer ordnungsgemäßen landwirtschaftlichen Einarbeitung (z.B. durch Unterpflügen in den Boden) bei den für Hauskläranlagen anfallenden Schlammengen (1–2 m³ Naßschlamm pro Jahr) ein wirkliches Gefahrenpotential bzw. hygienische Bedenken relevant sind.

Wartung der Verteilung und Intervallbeschickung

Die Intervallbeschickung kann zusammen mit der Verteilung als „Herzstück" der vertikal und stoßweise beschickten Pflanzenkläranlage betrachtet werden. Das heißt, die Funktionstüchtigkeit der Pflanzenkläranlage ist unmittelbar an das einwandfreie Funktionieren der Intervallbeschickung gebunden. Aus Sicht der Eigenüberwachung muß dabei in jedem Fall gewährleistet sein, daß Wartungstätigkeiten und die Funktionskontrollen der Intervallbeschickung und Verteilung möglichst regelmäßig durchgeführt werden.

Verteilung

Bei der Wartung und Kontrolle des Verteilungssystems ist, unabhängig von der Intervallbeschickung, darauf zu achten, daß es zu einer möglichst gleichmäßigen Verteilung des Abwassers aus allen Verteilungsrohren während des Beschickungsvorgangs kommt.

Daher muß besonderes Augenmerk darauf gelegt werden, daß die Querverteilungsrohre waagrecht verlegt sind und die nach unten gelochten Längsverteilungsrohre verstopfungsfrei gehalten werden. Durch das Wurzelwachstum der Pflanzen kommt es immer wieder zu kleinen Setzungen des Filtermaterials und damit auch zu Unregelmäßigkeiten in der horizontalen Lage vor allem der Längsverteilungsrohre. Dabei können nach bisherigen Betriebserfahrungen geringfügige Unregelmäßigkeiten in der horizontalen Lage der Längsverteilungsrohre toleriert werden. Als Faustregel für die Funktionsfähigkeit der Verteilung sollte die optische Kontrolle während eines Beschickungsvorgangs herangezogen werden: Strömt während des Beschickungsvorgangs aus allen Löchern der Längsverteilungsrohre Abwasser, kann auf eine ordnungsgemäß funktionierende Verteilung geschlossen werden. Rohrabschnitte, aus denen während der Verteilung kein Wasser fließt, sollten einerseits von möglichen mechanischen Verstopfungen befreit und andererseits auf ihre waagrechte Lage hin kontrolliert bzw. korrigiert werden. Die Kontrolle der Verteilung sollte in halbjährlichen Abständen erfolgen.

Verstopfungen der Verteilungsrohre können auch durch in die Verrieselungslöcher eindringende Pflanzenteile entstehen. Deshalb empfehlen wir, die Pflanzen unterhalb der Verteilungsrohre einmal jährlich, am besten im Frühjahr vor dem Austreiben der Pflanzen, zu entfernen. Sind einzelne Verrieselungslöcher „zugewachsen", ist ein neuerliches Aufbohren der Löcher, gefolgt von einer Rohrspülung nebst einer neuerlichen Verlegung, erforderlich.

Für den Winterbetrieb ist es empfehlenswert, die Verteilerrohre mit umgedrehten Halbschalen oder U-Holzprofilen zu überdecken. Einerseits dient diese Maßnahme als Schutz vor Schneelasten, andererseits kann damit verhindert werden, daß Schnee unter die Verrieselungslöcher gelangt, was zu einem Einfrieren der Verteilung führen könnte.

Intervallbeschickung

Jedes Intervallbeschickungssystem ist entsprechend der jeweiligen Betriebsanleitung zu warten bzw. regelmäßig auf seine Funktionstüchtigkeit hin zu überprüfen.

Die Intervallbeschickung soll eine möglichst gleichmäßige Verteilung des vorgeklärten Abwassers über den Sand-Kiesfilter bewirken. Dabei sollte während des Beschickungsvorgangs die gesamte Länge der Verteilungsrohre genutzt werden.

Bei einem Ausfall der Intervallbeschickung fließt das mechanisch vorgereinigte Abwasser nur nach dem jeweiligen Abwasseranfall in die Verteilungsrohre der Pflanzenkläranlage. Da dieser Förderstrom bzw. diese Fördermenge nicht ausreicht, um die Verteilungsrohre vollständig zu fluten, kommt es lediglich zu einer punktförmigen Beschickung der Pflanzenkläranlage und einer nur teilweisen Nutzung des Filtermaterials. Dabei wird die Pflanzenkläranlage im wesentlichen horizontal durchströmt und die gewünschte Abbauleistung nicht erreicht. Es soll in diesem Zusammenhang erwähnt werden, daß ein nur kurzzeitiger Ausfall der Intervallbeschickung, etwa über einige Tage, noch nicht zu einem völligen Versagen der Reinigungsleistung der Pflanzenkläranlage führt. Die Reinigungsleistung nimmt bei plötzlichem Ausfall der Intervallbeschickung nicht schlagartig ab, sondern verringert sich über einen Zeitraum von mehreren Tagen. Hieran zeigt sich die generell sehr gute Pufferleistung und hohe Betriebssicherheit von Pflanzenkläranlagen auch bei kurzzeitigen Störfällen

Der Schwerpunkt der Eigenüberwachung der Intervallbeschickung liegt für den Betreiber in einer regelmäßigen, wöchentlich durchgeführten Funktionskontrolle. Unabhängig davon, ob das Intervallbeschickungssystem mit oder ohne Fremdenergie betrieben wird, kann zu Sicherheitszwecken eine Kontrolleuchte eingesetzt werden. Die Kontrolleuchte wird an einem gut sichtbaren Ort montiert und über einen eigenen Schwimmer gesteuert. Der Schwimmer löst nur dann aus, wenn die Intervallbeschickung versagt. Somit muß der Schwimmer in jedem Fall oberhalb des Auslöseniveaus der Intervallbeschickung liegen. Die Installation einer Kontrolleuchte empfiehlt sich insbesondere dann, wenn zwischen Intervallbeschickung und Pflanzenkläranlage kein natürliches Gefälle besteht. Damit wird ein Ausfall der Intervallbeschickung sofort angezeigt, so daß durch umgehende Behebung des Störfalls auch ein eventuell entstehender Rückstau der Hausanschlußleitung verhindert werden kann.

Die Funktionskontrolle einer Fäkalientauchpumpe erfolgt durch Auslösen des Einschaltmechanismus mittels Anheben des Schwimmerschalters im Intervallbeschickungsschacht. Sind weder Schwimmer noch Pumpe sichtbar, liegt in jedem Fall eine Funktionsstörung vor. Zusätzlich sollte in regelmäßigen Abständen eine Überprüfung der Stromversorgung auf den einwandfreien Zustand der Kabel hin sowie eine Kontrolle des Befestigungssystems durchgeführt werden.

Die Funktionskontrolle eines Kippkübels erfolgt durch visuelle Kontrolle der Dichtigkeit des Kübels und seines Wasserstandes. Eine Funktionsstörung liegt vor, wenn der Kippkübel trotz vollständiger Befüllung nicht auslöst.

Bei der Funktionskontrolle eines Rohrventils muß dessen einwandfreies Abkippen im Zuge eines Beschickungsvorgangs festgestellt werden. Der Intervallbeschickungsschacht muß dazu vorher mit Wasser befüllt werden.

Wartung des bepflanzten Bodenfilters

Die Einstauhöhe der Pflanzenkläranlage liegt im Dauerbetrieb bei ca. 20 cm. Sie sollte fix eingestellt und nur nach Absprache mit den Planern verändert werden.

Nach der Dichteprüfung der Pflanzenkläranlage, in der ein Einstau auf ca. 80 cm vorgenommen wird, ist beim Absenken des flexiblen Schlauches bzw. des Wasserstandes darauf zu achten, daß nicht durch Sogwirkung Filtermaterial in die Ableitung gelangt und diese verstopft. Als günstig hat sich dabei zuletzt ein über die Öffnung des flexiblen Schlauches befestigtes Drahtgitter mit kleiner Maschenweite (2–3 mm) erwiesen.

Spülen der Verteilung

Regulieren der Einstauhöhe mittels Schlauches | *Geruchsprobe des geklärten Abwassers*

In der Praxis kam es in der Vergangenheit manchmal vor, daß Betreiber in heißen Sommermonaten aus Sorge um die Wasserversorgung der Pflanzen den Wasserstand in der Pflanzenkläranlage erheblich höher einstellten. Hier handelt es sich allerdings um einen zwar leicht behebbaren, jedoch groben Betriebsfehler. Das Einstauen der Pflanzenkläranlage führt dazu, daß der in den Zwischenräumen des Filtermaterials vorhandene und für den Ammoniumabbau erforderliche Sauerstoff nicht mehr verfügbar ist.

> **Um eine zufriedenstellende Reinigungsleistung zu erreichen, ist der Wasserstand im bepflanzten Bodenfilter auf jeden Fall möglichst niedrig zu halten.**

Die Sorge um die Wasserversorgung der Schilfpflanzen ist jedenfalls unbegründet. Die Wurzeln des Schilfs gehen bis in 1,5 m Tiefe, so daß die Wasserversorgung der Pflanzen auch im nichteingestauten Zustand gegeben ist. Lediglich in den ersten Monaten nach der Bepflanzung kann in extrem heißen Sommermonaten ein zusätzliches Gießen der Pflanzen erforderlich sein.

Ein dichter Pflanzenbestand stellt sich üblicherweise zwischen dem 3. und 5. Betriebsjahr ein. Eine Mahd sollte, sobald sich ein dichter Pflanzenbestand eingestellt hat (zumeist ab dem 3. Betriebsjahr), möglichst jährlich im Frühjahr (März, April) vor dem Austreiben der Pflanzen erfolgen. Es ist zu beachten, daß junge, frisch ausgetriebene Schilfpflanzen extrem knickempfindlich sind. Zur Wartung der Verteilung können unter den Verteilungsrohren Pflanzen ganzjährig entfernt werden (s. Verteilung).

In den ersten Betriebsjahren sollten in der Pflanzenkläranlage zumindest einmal jährlich aufgehende Gräser entfernt werden, da Gräser als Flachwurzler den Gasaustausch des Filterkörpers beeinträchtigen können.

Ablaufkontrolle im Rahmen der Eigenüberwachung

Die Beurteilung der Reinigungsleistung der Pflanzenkläranlage im Rahmen der Eigenüberwachung erfolgt zunächst über eine grobsinnliche Einschätzung des biologisch gereinigten Abwassers auf Farbe und Geruch hin, im weiteren über eine stichprobenartige Untersuchung der Ammoniumkonzentration NH_4-N. Die Ablaufkontrolle im Rahmen der Eigenüberwachung sollte in zumindest monatlichen Abständen erfolgen.

Probennahme

Die Probennahme erfolgt im Kontrollschacht der Pflanzenkläranlage. Es ist dabei auf eine gute Durchmischung des biologisch gereinigten Abwassers und auf Sauberkeit der Probengefäße Bedacht zu nehmen. Die Gefäße sollen aus Kunststoff oder Glas bestehen und bei der Probennahme mit der Probe ausgespült werden. Im Zuge dieser Verrichtung sollte auch die Wassertemperatur gemessen werden.

Farb- und Geruchsbeurteilung

Bei der Beurteilung der Ablaufqualität auf Geruch und Farbe hin handelt es sich um eine grobsinnliche Wahrnehmung. Dabei bewegen sich die Angaben für den Geruch zwischen geruchlos und fäkal. Für die Farbbeurteilung des biologisch gereinigten Abwassers an der Entnahmestelle reicht die Bandbreite von klar bis trüb. Abstufungen in der Beurteilung sind möglich und nach subjektivem Ermessen in das Eigenüberwachungsblatt einzutragen.

Ammoniumbestimmung mittels Schnelltest

Der Abwasserparameter Ammonium kann durchaus als Zeigerparameter für die Funktionstüchtigkeit der Pflanzenkläranlage angesehen werden. Deshalb sollte im Rahmen der Eigenüberwachung in regelmäßigen, zumindest monatlichen Abständen eine stichprobenartige Ablaufuntersuchung in bezug auf den Parameter Ammonium mit Hilfe eines entsprechenden Schnelltests durchgeführt werden. Diese Art der Ablaufuntersuchung dient zwar nur zur Grobbestimmung der Ammoniumablaufkonzentration und ersetzt nicht eine Fremduntersuchung, hat sich aber in der Vergangenheit vor allem dadurch bewährt, daß eventuell auftretende Störfälle rasch angezeigt werden. Statistisch betrachtet, kann man davon ausgehen, daß eine Pflanzenkläranlage bei Einhaltung des Ammonium-Grenzwertes NH_4-N einwandfrei funktioniert und auch die Grenzwerte für CSB, BSB_5 und TOC eingehalten werden.

Für Ablauftemperaturen des Abwassers unter 12° C ist wegen der Temperaturabhängigkeit der Nitrifikation (s. Winterbetrieb) kein Ammoniumgrenzwert vorgeschrieben. Deshalb sollte auch die Ablauftemperatur des geklärten Abwassers im Kontrollschacht gemessen werden.

Bei der Ablaufanalyse der Ammoniumkonzentration NH_4-N mittels Schnelltest ist zunächst die Gebrauchsanweisung der Herstellerfirma zu beachten. Das jeweilige Meßergebnis kann nur als Meßbereich angegeben werden und ist als solcher in das Eigenüberwachungsblatt einzutragen (z.B. 0–10 mg NH_4-N/l).

Allgemeine Sicherheitshinweise

Mit den im folgenden angeführten allgemeinen Sicherheitshinweisen stellen die Verfasser keinen Anspruch auf Vollständigkeit. Die Sicherheitshinweise sollten jedenfalls bei Tätigkeiten im Zuge der Eigenüberwachung beachtet werden.

- Lesen Sie vor Inbetriebnahme der Abwasserreinigungsanlage die Betriebsanleitung genau durch. Sollten dabei Unklarheiten auftreten, klären Sie diese mit Ihrem Planer.
- Befolgen Sie alle auf den einzelnen Bauteilen und maschinellen Einrichtungen vermerkten Warnungen und Hinweise.
- Betreten Sie die einzelnen Bauteile der Kläranlage nur mit geeigneter Kleidung bzw. geeignetem, festem Schuhwerk.
- Falls eine Pumpe zur Intervallbeschickung verwendet wird, achten Sie darauf, daß die auf der Pumpe angegebenen Spannungswerte zur Stromversorgung eingehalten werden. Wenn Sie nicht wissen, welche Werte die Netzspannung liefert, fragen Sie bei einem Fachhändler oder dem zuständigen E-Werk nach.
- Aufgrund der im Abwasser und im Klärschlamm eventuell enthaltenen pathogenen Keime, Viren und Wurmeier müssen bei Wartungs- und Kontrollarbeiten hygienische Sicherheitsvorkehrungen eingehalten werden.
- Stets Schutzkleidung tragen. Nicht mit Arbeitskleidung ins Wohnhaus gehen. Die Schutzkleidung getrennt von anderer Wäsche reinigen.
- Bei schmutzigen Arbeiten Gummihandschuhe tragen.
- Nach direktem Kontakt mit Abwasser und vor jedem Essen die Hände mit Seife und Handbürste waschen. Danach mit Desinfektionsmittel auf Alkoholbasis in der vorgeschriebenen Konzentration behandeln und mit klarem Wasser nachspülen. Zum Abtrocknen Papierhandtücher verwenden.
- Auch kleinste Verletzungen, besonders an den Händen, beachten und medizinisch versorgen. Verletzungen müssen antiseptisch behandelt werden. Nie mit offenen Wunden an der Kläranlage arbeiten.
- Schutzimpfungen gegen Tetanus, Kinderlähmung und evtl. Typhus freiwillig wahrnehmen.
- Zum Heben von Schachtabdeckungen sind geeignete Deckelheber zu verwenden, um Finger- und Handverletzungen zu vermeiden.
- Alle Arbeiten an Vorklärungs- und Intervallbeschickungsschächten sind mit Absturzgefahr verbunden. Deshalb nie allein dort arbeiten.
- Bei Arbeiten an Vorklärungs- und Intervallbeschickungsschächten muß immer mit explosiven bzw. giftigen Gasen gerechnet werden.
- Wege zu den Bauteilen der Kläranlage sollten sicher gestaltet und ganzjährig zugänglich sein. Bei Schnee sollte zumindest die Trittsicherheit gegeben sein.
- Der Kläranlagenbetreiber sollte über Erste-Hilfe-Material und eine Erste-Hilfe-Ausbildung verfügen.

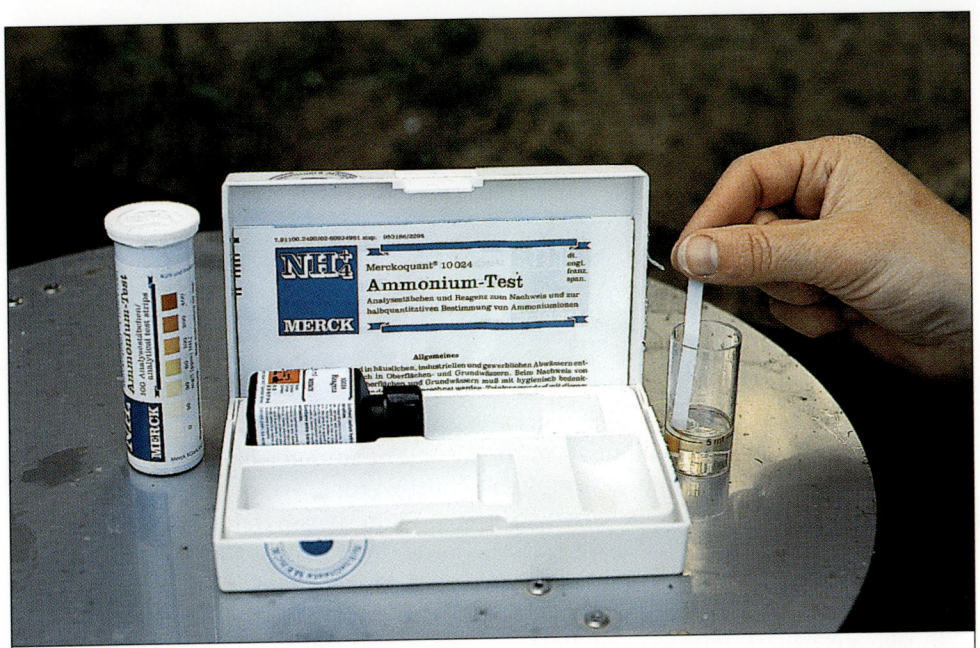

Ammoniumbestimmung mittels Schnelltester

Ablauf- und Probenahmeschacht

• Alle Schächte bzw. Vorklärungseinstiege müssen nach Wartungsarbeiten wieder sachgerecht verschlossen und für Kinder unzugänglich gemacht werden.

FREMDÜBERWACHUNG

Natürlich kommt es in der Praxis auch zu Betriebsstörungen aufgrund fehlerhafter oder mangelhafter Eigenüberwachung. Deshalb ist auch eine Fremdüberwachung der Pflanzenkläranlage auf deren Funktionstüchtigkeit hin durch Ablaufuntersuchungen, die durch befugte Unternehmungen durchgeführt werden, erforderlich. Der Untersuchungsumfang und die Untersuchungshäufigkeit unterliegen dabei immer einer Einzelfallbeurteilung durch die Wasserrechtsbehörde. In manchen Bundesländern wird auch ein Wartungsvertrag, der die Kontrolle aller Anlagenteile auf ihren Betriebszustand hin vorsieht, vorgeschrieben.

In der Steiermark wurden seit 1993 zumindest 250 Pflanzenkläranlagen in einer Ausbaugröße bis 50 Einwohnerwerte wasserrechtlich bewilligt und errichtet. Die Erfahrungen und Erkenntnisse, die in den letzten Jahren durch eine Vielzahl von Untersuchungen an diesem Kläranlagentyp gewonnen werden konnten, flossen durchaus auch in die Bescheidpraxis der Wasserrechtsbehörden ein. So wird derzeit in der Steiermark bei Hauskläranlagen per Bescheid bei Abschluß eines Wartungsvertrages üblicherweise **eine** Fremduntersuchung pro Jahr vorgeschrieben. Der Wartungsvertrag sieht die jährliche Funktionskontrolle aller Kläranlagenteile auf ihren Wartungs- und Betriebszustand hin (Betriebskontrolle) und deren schriftliche Dokumentation vor. Schließt der Betreiber keinen Wartungsvertrag ab, so werden in manchen Bezirken mehrere (zwei bis vier) Fremduntersuchungen pro Jahr vorgeschrieben.

Diese Form von Wartungsvertrag im Rahmen der Fremdüberwachung entspricht einem externen Kontrollgang und ersetzt keinesfalls die Eigenüberwachung. Er entspricht im wesentlichen den auch für die Eigenüberwachung vorgesehenen Kontrollgängen und beinhaltet nicht die eigentlichen Wartungstätigkeiten. Wie bei der Eigenüberwachung sollten auch die die Fremdüberwachung betreffenden Unterlagen (Untersuchungsprotokolle, Kontrollbefunde) im Betriebsbuch abgelegt werden.

Natürlich gibt es für die Betreiber auch die Möglichkeit, die für den Betrieb der Pflanzenkläranlage erforderlichen Wartungstätigkeiten an Firmen zu vergeben. Allerdings würden sich in diesem Fall die Betriebskosten wesentlich erhöhen. Deshalb werden bei den meisten im kontrollierten Selbstbau errichteten Pflanzenkläranlagen die erforderlichen Wartungstätigkeiten und Kontrollen im Zuge der Eigenüberwachung von den Betreibern selbst durchgeführt.

Kostenüberlegungen zur Fremdüberwachung

Der Einsatzbereich für Pflanzenkläranlagen wird zukünftig vorwiegend in den ländlichen Streusiedlungsbereichen sein. Viele dieser Streusiedlungen werden aus ökonomischen Gründen nicht mittels öffentlicher Kanäle entsorgt werden können. Speziell für die Vielzahl von einzeln gelegenen Wohnhäusern werden zukünftig Pflanzenkläranlagen zur Abwasserreinigung eingesetzt werden. Dies bedingt auch neue Überlegungen, inwieweit Überwachung, Wartung und Betrieb dieser Hauskläranlagen möglichst effizient gestaltet werden können. Das betrifft sowohl Kosten wie Nutzen und soll an einem Beispiel veranschaulicht werden:

Die eigentlichen Untersuchungskosten für die Fremduntersuchung sind in manchen Fällen niedriger als die Fahrtkosten. Werden in einer Ortschaft mehrere Pflanzenkläranlagen als Einzelanlagen betrieben, sinken bei guter Organisation auch die Kosten für An- und Abfahrt und somit auch die Betriebskosten.

Erweitert man den Bereich auf mehrere Ortschaften, so ist es zukünftig durchaus denkbar, daß sich eigene Betriebe, die sich auf die Fremdüberwachung von Kleinkläranlagen spezialisieren, regional ansiedeln. Dies würde einerseits neue Arbeitsplätze schaffen, andererseits auch die jeweilige regionale Wertschöpfung verbessern. Ferner würden die Betriebskosten für die Fremdüberwachung durch die Reduzierung der Fahrzeiten und Fahrtstrecken bei gleichbleibender Qualität sinken. Es gibt bereits jetzt Gemeinden in der Steiermark, in denen die Fremdüberwachung von Einzelkläranlagen durch den Klärwart der kommunalen Kläranlage erfolgt.

Modell „Gebietsklärwärter" für Kleinkläranlagen

Geht man allein in der Steiermark von einem zukünftigen Bedarf von 15.000 Kleinkläranlagen aus, so sollte, ungeachtet der für den Privatbetreiber der Kläranlage anfallenden Betriebskosten, die Frage auch auf Kosten gelenkt werden, die für die Administration der Überwachung des laufenden Betriebes durch die Behörden anfallen. Im laufenden Betrieb muß jeder Betreiber einer Kläranlage der zuständigen Wasserrechtsbehörde den ordnungsgemäßen Betrieb und Wartungszustand nachweisen. Dies erfolgt in der Regel dadurch, daß der Betreiber den Fremduntersuchungsbefund bzw. die Attestierung der Funktionstüchtigkeit aller Bauteile der Kläranlage an die Wasserrechtsbehörde schickt. Gesetzt den Fall, daß eine flächendeckende Abwasserentsorgung nach Stand der Technik auch in den ländlichen Streusiedlungsregionen erreicht wird, bedeutete die Verwaltung dieser Daten einen immensen administrativen Aufwand – und damit auch sehr hohe Kosten für die öffentliche Hand.

Als ein Lösungsansatz dabei könnte eine Art Privatisierung der behördlichen Überwachung von Kleinkläranlagen, analog dem seit Jahrzehnten praktizierten und funktionierenden „Rauchfangkehrermodell", dienen. Hierbei könnten für die Kleinklärlagen in bestimmten Regionen zuständige „Gebietsklärwärter" für Kontrollaufgaben, welche bisher der Behörde oblagen, herangezogen werden. Der Vorteil eines solchen Modells läge in einer teilweisen Entlastung der Behörden bei gleichzeitiger Wahrung der Qualität der Kontrolle.

WARTUNGSFEHLER

Gelegentlich haben in der Vergangenheit auch gut gemeinte Wartungstätigkeiten zu ungewollten Betriebsstörungen geführt und somit dazu beigetragen, unser Wissen hinsichtlich richtiger und falscher Betriebsführung zu erweitern. Solche Störfälle haben sich nicht nur auf die Betriebsführung, sondern auch auf die Bauweise einzelner Bauteile ausgewirkt.

Beispielsweise hat ein Betreiber einer bereits sehr gut funktionierenden und ungefähr ein halbes Jahr in Betrieb stehenden Pflanzenkläranlage im ersten Winterbetrieb die gesamte Oberfläche des bepflanzten Bodenfilters mit Stroh abgedeckt. Er wollte damit eine Art von Wärmedämmung schaffen, um ein Durchfrieren des Filterkörpers zu verhindern. Infolge der Witterung wurde das Stroh zu einer feuchten Schicht verdichtet, so daß die für diesen Pflanzenkläranlagentyp so wichtige Bodenatmung und somit der Sauerstoffaustausch weitgehend unterbunden wurde. Somit wurden auch die Mikroorganismen stark in ihrer Aktivität beeinträchtigt, und die gewünschte Reinigungsleistung der Pflanzenkläranlage konnte für einige Wochen nicht erbracht werden.

Im Normalfall wird die Pflanzenkläranlage durch den natürlichen Bewuchs ausreichend gegen Kälte geschützt. Das Einfrieren der Anlage, insbesondere der Verteilungseinrichtung, wird dabei unter anderem durch die intervallweise Beschickung verhindert. Einerseits werden die Verteilungsrohre während der Beschickung durchgespült, womit mechanische Verstopfungen der Lochungen weitgehend ausgeschlossen werden können. Andererseits sind die Rohre nach unten gelocht, so daß nach der Intervallbeschickung kein Abwasser in den Rohren verbleibt. Ein Einfrieren des Filtermaterials konnte auch in sehr strengen Kälteperioden nicht festgestellt werden. Die Pflanzenkläranlage wird im nichteingestauten Zustand betrieben, das heißt, die Betriebseinstauhöhe der Pflanzenkläranlage im Dauerbetrieb liegt nur bei ca. 20 cm. Damit ist eine Filterüberdeckung von ungefähr 1 m gegeben. Das Filtermaterial läßt aufgrund seiner Durchlässigkeit einen vertikalen Durchfluß ohne Überstau ganzjährig zu. Hierbei wirkt sich der Pflanzenbewuchs vor allem im Dauerbetrieb auf die Durchlässigkeit des Filtermaterials positiv aus.

Auch eine zu hohe Einstauhöhe in der Pflanzenkläranlage war in der Vergangenheit öfter Ursache einer nachweisbaren Funktionsstörung. Unter Bedachtnahme auf eine ausreichende Wasserversorgung der frisch gesetzten Pflanzen in den Sommermonaten wurde von manchen Betreibern die Pflanzenkläranlage bis oben eingestaut. Dies wirkte sich allerdings in zweifacher Hinsicht negativ aus. Einerseits führte das Einstauen zu einer Verdrängung des in den Lückenräumen des Filtermaterials vorhandenen Sauerstoffs und damit auch zu weitgehend anaeroben Verhältnissen im Filterkörper. Dadurch waren für die Nitrifikation außerordentlich schlechte Bedingungen geschaffen, und der gewünschte Ammoniumabbau konnte nicht erbracht werden. Andererseits konnte festgestellt werden, daß das Wurzelwachstum der Pflanzen im Einstaubetrieb erheblich langsamer vonstatten ging als im abgesenkten Betrieb. Um die frisch gesetzten Pflanzen vor dem Austrocknen zu bewahren, hat es sich als nützlich erwiesen, diese in sehr heißen und trockenen Sommerperioden in den ersten Monaten nach erfolgter Bepflanzung gelegentlich zu gießen.

REINIGUNGSLEISTUNG

In den letzten Jahren wurde eine Vielzahl von Untersuchungen an Pflanzenkläranlagen durchgeführt. Dabei standen insbesondere vertikal und intermittierend beschickte, nichteingestaute Pflanzenkläranlagen mit nichtbindigem Filtermaterial im Interesse der Untersuchungen. Aufgrund der erlangten Ergebnisse gilt mittlerweile als erwiesen, daß Pflanzenkläranlagen dieses Bautyps in jedem Fall in der Lage sind, die an die Abwasserreinigung gestellten Anforderungen ganzjährig zu erfüllen.

Diese Pflanzenkläranlagen entsprechen in ihrer Wirksamkeit dabei sowohl den gesetzlichen Anforderungen, welche die Reinigungsleistung im Hinblick auf den Abbau von Nährstoffen (Stickstoff, Phosphor) sowie der organischen Fracht (biochemischer und chemischer Sauerstoffbedarf) betreffen, als auch den gesetzlich nicht geforderten Leistungen. Dazu zählen die positiven Auswirkungen durch die teilweise sehr hohe Verdunstungsleistung der Sumpfpflanzen oder die nachgewiesenermaßen gute Hygienisierung.

Nach einer 1992/93 im Auftrag der Steiermärkischen Landesregierung vom Ökologischen Projekt Graz und vom Institut für Siedlungswasserwirtschaft und Landschaftswasserbau der TU Graz durchgeführten Untersuchungsreihe an drei Pflanzenkläranlagen (Hauskläranlagen), die sich vom Bautypus her nur geringfügig unterscheiden, konnten folgende Aussagen getroffen werden:

- In Hinblick auf die Summenparameter BSB_5 und CSB können die gesetzlich geforderten Grenzwerte ganzjährig unterschritten werden. Es ergab sich dabei trotz kurzfristiger Betriebsfehler bei zwei Anlagen nicht eine einzige Überschreitung der geforderten Grenzwerte. Im Durchschnitt lagen die Ablaufwerte beim BSB_5 bei 10 mg/l (Grenzwert: 25 mg/l) und beim CSB bei 34 bis 40 mg/l (Grenzwert: 90 mg/l), was einer Eliminationsrate der organischen Fracht von 92–97% entspricht.
- Die Nitrifikationsleistung von vertikal und intermittierend beschickten Pflanzenkläranlagen ist ausreichend, um die gesetzlich vorgeschriebenen Anforderungen (Grenzwert NH_4-N: 10 mg/l bei Ablauftemperaturen über 12° C) ganzjährig zu erfüllen.
- Die Phosphatreduktion (für kleine Ausbaugrößen nicht vorgeschrieben) ist in Abhängigkeit von Filtermaterial und Betriebsdauer sehr unterschiedlich und lag bei den untersuchten Anlagen zwischen 53 und 95%.

Seit 1993 wurden in der Steiermark mindestens 250 vertikal und intermittierend beschickte Pflanzenkläranlagen mit einer Filterkubatur zwischen 5 und 6 m³ je EW wasserrechtlich bewilligt; der größte Teil davon ist bereits errichtet und in Betrieb genommen. Bei wasserrechtlich bewilligten Pflanzenkläranlagen muß zum Nachweis des ordnungsgemäßen Betriebs zumindest einmal jährlich eine Fremduntersuchung (Ablaufuntersuchung) durchgeführt werden. Zwar können durch Ablaufuntersuchungen keine Aussagen über prozentuelle Eliminationsraten gemacht werden, dennoch erhält man eine Datenmenge, die eine gesicherte Aussage über die Reinigungsleistung und die Betriebssicherheit von Pflanzenkläranlagen zuläßt. Dies insbesondere auch deshalb, weil es sich bei den untersuchten Pflanzenkläranlagen um einen weitgehend standardisierten, in der Bau- und Funktionsweise wenig abweichenden Bautyp handelt. Die Aussage, daß vertikal und intermittierend beschickte Pflanzenkläranlagen in Ausbaugrößen bis 50 EW zu den betriebssichersten Abwasserreinigungssystemen zählen, kann u.a. auch durch die Auswertung von Ablaufuntersuchungen, die vom Ökologischen Projekt Graz im Zeitraum von 1993 bis 1997 im Rahmen von Wartungsverträgen und Untersuchungsprogrammen durchgeführt wurden, untermauert werden. Dabei wurden bei 67 Pflanzenkläranlagen insgesamt 216 Ablaufuntersuchungen vorgenommen. Es ergaben sich folgende statistische Mittelwerte, die in der unten stehenden Tabelle den in Österreich gängigen Grenzwerten gegenübergestellt werden.

Durchschnittlich gemessene Ablaufwerte und entsprechende Grenzwerte		
Inhaltsstoff	Statistische Mittelwerte	Grenzwerte
CSB	32,0 mg/l	90 mg/l
BSB_5	7,0 mg/l	25 mg/l
NH_4-N	5,5 mg/l	10 mg/l

Die Betriebssicherheit hat in der Praxis gerade bei Kleinkläranlagen wegen des sowohl mengen- wie auch frachtenmäßig unregelmäßigen Abwasseranfalls eine große Relevanz. Gerade in bezug auf die Pufferung von Abwasserspitzen zeichnen sich Pflanzenkläranlagen aus. Dabei hat sich in den letzten Jahren auch die Kombination von vertikal beschickten Becken mit nachgeschalteten Horizontalfiltern (sogenannte zweistufige Anlagen) bewährt.

In diesem Zusammenhang sei auf die 1997 herausgegebene „Untersuchung der Reinigungsleistung von bepflanzten Bodenfiltern" vom Institut für Siedlungswasserwirtschaft und Landschaftswasserbau, TU Graz (DI Beutle, Univ.-Prof. DI Dr. techn. Renner, DI Dr. techn. Ditsios), verwiesen. Im Rahmen dieses Projektes wurden sowohl einstufige (nichteingestaute, vertikal und intermittierend beschickte) Pflanzenkläranlagen wie zweistufige (mit nachgeschaltetem Horizontalfilter versehene) Pflanzenkläranlagen untersucht. Hierbei wird sowohl den einstufigen wie auch zweistufigen Anlagen bescheinigt, dem „Stand der Technik" zu entsprechen und die gesetzlich geforderten Reinigungsleistungen erbringen zu können. „Im Hinblick auf die Betriebssicherheit, und hier vor allem in den Wintermonaten, muß den zweistufigen Anlagen der Vorzug gegeben werden. Bei diesen Anlagen ist auch bei tiefen Temperaturen kaum ein Anstieg der Ablaufkonzentrationen zu verzeichnen. Das heißt, daß bei diesen Anlagen auch im Winter die künftigen gesetzlichen Vorgaben für den Grenzwert des Ammonium-Stickstoffes deutlich unterschritten werden können" (Zitat aus dem Untersuchungsbericht).

BEDENKEN GEGEN PFLANZENKLÄRANLAGEN

Häufig steht man auch heute noch Pflanzenkläranlagen sehr kritisch gegenüber. Dabei werden immer wieder dieselben – nun im einzelnen angeführten – Bedenken geäußert.

WINTERBETRIEB

Ein häufig angeführter Kritikpunkt an Pflanzenkläranlagen war in der Vergangenheit in der Behauptung zu finden, diese würden im Winterbetrieb nicht funktionieren. Dieses Argument ist, so formuliert, irreführend und falsch und soll deshalb in einen sachgemäßen Zusammenhang gerückt werden. Dazu sollen die natürlichen Zusammenhänge der biologischen Abwasserreinigung betrachtet werden.

Wie bei allen Abwasserreinigungssystemen (Belebungsanlagen, Tauchkörper, Tropfkörper) erfolgt auch bei Pflanzenkläranlagen die biologische Abwasserreinigung durch die Aktivität von Mikroorganismen. Diese Aktivität (Verkonsumierung der Nährsstoffe zum eigenen Wachstum, Vermehrung) ist temperaturabhängig. Die Nitrifikationsrate z.B. steigt bis 30° C linear an [KLEE 91]. Damit liegt von Natur aus ein unterschiedlicher Wirkungsgrad der biologischen Reinigungsleistung in Abhängigkeit von der (jahreszeitlich schwankenden) Wassertemperatur vor. Im Bereich der Nitrifikation kann man deshalb mit einer jahreszeitlich bedingten Verminderung des Wirkungsgrades von 10% im Winterbetrieb rechnen. Der Abbau organischer Frachten jedoch geht ohne signifikanten Leistungsrückgang vonstatten. Dies stellt zwar kein spezielles Charakteristikum von Pflanzenkläranlagen dar, sondern gilt für alle biologischen Abwasserreinigungsverfahren, also auch für technisch-biologische Kläranlagen. Auf diesem Faktum beruht auch die sogenannte Temperaturregel (enthalten in der ersten allgemeinen Emissionsverordnung für kommunales Abwasser), die auch für große kommunale biologische Kläranlagen den Grenzwert für Ammonium außer Kraft setzt, wenn die Ablauftemperatur weniger als 12° C beträgt.

Die Temperaturregel bedeutet aber nicht automatisch, daß bei Wassertemperaturen kleiner als 12° C der Grenzwert für Ammonium überschritten wird. Durch die Bereitstellung eines für die Mikroorganismen möglichst gut geeigneten Klimas (gute Verteilung des Abwassers, ausreichend Sauerstoff, ordnungsgemäße Betriebsführung und Wartung) und ausreichend Oberfläche kann sich die Population im Filterkörper in der Regel so gut entwickeln, daß die geforderte Reinigung des Abwassers auch bei Temperaturen unter 12° C gewährleistet ist.

LANGZEITVERHALTEN (GEFAHR VON VERSTOPFUNG DES BODENFILTERS)

Neben der schon beantworteten Frage, ob Pflanzenkläranlagen die gesetzlichen Anforderungen einhalten können, wird in der öffentlichen Diskussion immer wieder die
Frage nach dem Langzeitverhalten von Pflanzenkläranlagen aufgeworfen. Dabei geht
es im wesentlichen um den Aspekt der Reinigungsleistung im Dauerbetrieb einerseits
und andererseits um Schwermetallanreicherungen im Filterkörper.

In der Steiermark sind vertikal und intermittierend beschickte Pflanzenkläranlagen
mit nichtbindigem Filtermaterial seit etwa 1990 in Betrieb. Bei diesen „älteren" Anlagen der neuen Generation konnte im bisherigen Betrieb kein Abfall der Reinigungsleistung festgestellt werden. Auch gibt es keinerlei Anzeichen dafür, daß sich daran in
der nächsten Zeit etwas ändern wird. Nach internationalen Erfahrungen mit Pflanzenkläranlagen mit nichtbindigem Filteraufbau, die seit Mitte der achtziger Jahre betrieben werden, erfolgt der Abbau von organischen Inhaltsstoffen effizient und stabil.
Die Nitrifikationsleistung, auch von Kleinkläranlagen, kann als sehr zufriedenstellend
bezeichnet werden und hat sich bei einigen Anlagen mit zunehmender Betriebsdauer
sogar verbessert. Durch die relativ lange Aufenthaltszeit des Abwassers in der Kläranlage ist eine weitgehende Keimreduktion und damit Hygienisierung des geklärten
Abwassers gegeben – eine Leistung, die keine konventionelle Anlage ohne erheblichen
technischen Mehraufwand erbringt.

Ein wesentliches Kriterium im Langzeitbetrieb ist die Aufrechterhaltung der Sicker-
fähigkeit des Filtermaterials. Prof. LÖFFLER führt dazu an, daß bei einer Bepflanzung
mit wurzelaktiven Gräsern und Röhrichten über die Tiefe der Durchwurzelung hinaus
eine Mineralisation der eingetragenen organischen Stoffe und eine mechanische
Auflockerung des Bodensubstrats erfolgt. Damit bleibt die Sickerwilligkeit des Filters
praktisch unbegrenzt erhalten.

**Bei ordnungsgemäßem Betrieb und dem Einsatz von nichtbindigem Filtermate-
rial bleibt die Durchlässigkeit des Filters praktisch unbegrenzt erhalten.**

SCHWERMETALLE

Schwermetalle kommen überall vor und sind auch im häuslichen Abwasser in Spuren enthalten. Der größte Teil davon setzt sich im Schlamm fest, ein Teil bleibt aber im Abwasser, das die Pflanzenkläranlage durchsickert, zurück. Im Zusammenhang damit stellt sich die Frage, ob es zu einer kritischen Anreicherung von Schwermetallen im Anlagenfilter kommen kann.

Zur Beantwortung dieser Frage wurde die Anreicherung an Schwermetallen in einer Planzenkläranlage berechnet und den Kompostgütekriterien gegenübergestellt.

Folgende Grundlagen sind dabei zu beachten:

- Schwermetalle sind nicht abbaubar! Das heißt, jedes Gramm an Schwermetall im Abwasser verbleibt entweder im Klärschlamm, im Kläranlagenablauf oder im Filtersubstrat der Pflanzenkläranlage.
- Pflanzenkläranlagen werden üblicherweise zur Reinigung ausschließlich häuslicher Abwässer eingesetzt.
- Das zu reinigende Abwasser enthält eine Reihe an metallischen und nichtmetallischen Elementen, deren Konzentrationen im häusliches Schmutzwasser in der Regel sehr niedrig sind. Nach langjährigen Meßreihen lag z.B. für abwasserrelevante Schwermetalle kein Ablaufwert im kritischen Konzentrationsbereich.

Im Rahmen eines Forschungsprojektes an der TU München wurden für häusliches Abwasser im Ablauf einer Dreikammergrube die folgenden Schwermetallkonzentrationen festgestellt:

Schwermetallkonzentrationen von mechanisch vorgereinigtem Abwasser		
Schwermetall	Mittelwert (mg/l)	Probenzahl
Chrom (Cr)	0,0042	29
Nickel (Ni)	0,0077	30
Kupfer (Cu)	0,0268	31
Zink (Zn)	0,1446	31
Cadmium (Cd)	0,0008	31
Blei (Pb)	0,0010	30

Die oben genannten Schwermetalle werden während der Bodenpassage durch die Pflanzenkläranlage unterschiedlich im Filter festgelegt oder mobilisiert. Unter der Annahme des ungünstigsten Falles, daß nämlich diese Schwermetalle sich zur Gänze im Filterkörper festsetzen und zu den Mittelwerten ein Sicherheitszuschlag gegeben

119

wird, kommt es in 100 Jahren zu folgenden Schwermetallanreicherungen in der Pflanzenkläranlage (bei 5 m³ Filtervolumen pro Einwohnerwert ist der Trockensubstanzgehalt des Filtermaterials für einen Einwohner ca. 7,5 Tonnen):

Schwermetallanreicherung in 100 Betriebsjahren	
Schwermetall	Anreicherungswert in 100 Jahren [mg/kg Trockensubstanz]
Chrom (Cr)	5,70
Nickel (Ni)	14,10
Kupfer (Cu)	106,30
Zink (Zn)	152,30
Cadmium (Cd)	1,85
Blei (Pb)	1,80

Diese Werte liegen laut ÖNORM S 2202 (Anwendungsrichtlinien für Komposte) noch immer weit unter den Anforderungen an die Kompostklasse III. Komposte dieser Güteklasse sind zur einmaligen Anwendung für Rekultivierungsmaßnahmen oder im Landschaftsbau sowie für technische Anwendungsbereiche geeignet.

Ausgehend von den ermittelten Anreicherungswerten und den Grenzwerten für Komposte der Güteklasse III, ergeben sich folgende schwermetallspezifische Werte betreffend die Nutzungsdauer einer Pflanzenkläranlage:

Schwermetallspezifische Nutzungsdauer einer Pflanzenkläranlage			
Schwermetall	Anreicherungswert in 100 Jahren [mg/kg Trockensubst.]	Kompostklasse III [mg/kg Trockensubst.]	Nutzungs-dauer [Jahre]
Chrom (Cr)	5,70	150	2678
Nickel (Ni)	14,10	100	689
Kupfer (Cu)	106,30	400	376
Zink (Zn)	152,30	1000	656
Cadmium (Cd)	1,85	4	216
Blei (Pb)	1,80	500	27777

Der erste Grenzwert für die Kompostgüteklasse III würde somit, unter ungünstigsten Annahmen, erst nach 216 Jahren erreicht werden.

Diese Berechnungen zeigen, daß die Nutzungsdauer einer Pflanzenkläranlage fast unbegrenzt ist. Die Befürchtung, daß in einem absehbaren Zeitraum der Filterkörper zu Sondermüll werden könnte, ist, abgeleitet aus diesen Berechnungen, völlig unbegründet. Sollte ein Filterwechsel überhaupt einmal notwendig sein (nach 200 Jahren), so könnte das Material entsprechend der ÖNORM S 2202 im Landschaftsbau eingesetzt werden.

KOSTEN

Exakte Angaben über die Kosten einer Kläranlage zu geben, ist aus verschiedenen Gründen seriös nicht möglich. Verschiedene Projekte sind zum Beispiel auf Grund unterschiedlicher Kanallängen, unterschiedlicher Bedingungen für Grabarbeiten usw. nicht miteinander vergleichbar. Regionale Kostenunterschiede erschweren selbst allgemein gültige Angaben über die zu erwartenden Materialkosten.

Die folgenden Kostenangaben basieren auf ca. 200 durch die Autoren im kontrollierten Selbstbau abgewickelten Projekten. Die meisten dieser Kläranlagen befinden sich in der Steiermark.

INVESTITIONSKOSTEN

Die bei der Errichtung einer Pflanzenkläranlage anfallenden Investitionskosten können sinnvoll in Materialkosten, Kosten für Planung und Bauaufsicht, Kosten für Erdarbeiten, Arbeitskosten und sonstige Kosten aufgeteilt werden. Die Gesamtkosten betragen erfahrungsgemäß zwischen 8.000,– und 15.000,– öS pro Einwohnerwert. Für eine Hauskläranlage mit einer Ausbaugröße von 5 EW müssen Sie also mit Investitionskosten in der Größenordnung von 40.000,– bis 75.000,– öS rechnen.

Bei größeren Kläranlagen verringern sich die Kosten pro Einwohner, allerdings wird dieser Kostenvorteil – zumindest teilweise – von den Kosten für die erforderlichen Kanalstränge abgeschwächt. Die Kosteneinsparung bei größeren Kläranlagen ist bei Pflanzenkläranlagen nicht so stark ausgeprägt wie bei technischen Reinigungssystemen. Der Grund dafür liegt in der Tatsache, daß das erforderliche Filtervolumen bei einer Pflanzenkläranlage linear mit der Ausbaugröße der Anlage zunimmt. Aus diesen Kostenüberlegungen wird es für Pflanzenkläranlagen eine „natürliche" Obergrenze der Ausbaugröße geben. Wo diese Grenze liegt, ist schwer abzuschätzen, allerdings wird es für ein Dorf von 1000 Einwohnern nicht rentabel sein, eine Pflanzenkläranlage der in diesem Buch behandelten Bauform zu errichten.

Die Anteile der einzelnen Kostenbereiche an den Gesamtinvestitionskosten können folgendermaßen geschätzt werden:

Aufteilung der Investitionskosten	
Material	50%
Planung und Bauaufsicht	20%
Erdarbeiten	10%
Arbeitskosten	15%
Sonstige Kosten	5%

Aus der oben dargestellten Tabelle ist ersichtlich, daß die Materialkosten ca. 50% der Gesamtkosten ausmachen. Die Materialkosten sind stark von den Preisen für das verwendete Filtermaterial abhängig. Diese Preise unterliegen starken regionalen Schwankungen, die allein innerhalb der Steiermark 100% und mehr betragen können.

Der Kostenanteil für Planung und Bauaufsicht beträgt in etwa 20%. Dieser Anteil mag auf den ersten Blick relativ hoch erscheinen. Wir weisen allerdings darauf hin, daß beim kontrollierten Selbstbau die Planungskosten für den Bauherrn in der Regel ersichtlich ausgewiesen werden. Im Gegensatz dazu ist es bei schlüsselfertig errichteten Anlagen möglich, die für die Planung anfallenden Kosten in den Verkaufspreis der gesamten Kläranlage einzurechnen.

Die Kosten für die Erdarbeiten sind stark abhängig vom Boden und von den vorherrschenden Geländeverhältnissen. Sie stellen den größten Unsicherheitsfaktor bei einer Schätzung der Investitionskosten dar.

Die Höhe der Arbeitskosten ist primär davon abhängig, in welchem Ausmaß Eigenleistungen eingebracht werden und welcher Bewertungsmaßstab für die erbrachte Eigenleistung angesetzt wird.

Als sonstige Kosten fallen beispielsweise Verwaltungskosten, Kosten für Gutachten, Kosten für einen eventuell erforderlichen Stromanschluß usw. an.

Es ist naheliegend, daß durch den kontrollierten Selbstbau eine Senkung der Investitionskosten erreicht wird. Eine Kläranlage kann allerdings nicht ohne konzessioniertes Unternehmen errichtet werden; es wird dabei vielmehr davon ausgegangen, daß ein Bauherr die Organisation der Baustelle selbst übernimmt und bei Hilfstätigkeiten auch selbst mit Hand anlegt. Weiters ist beim kontrollierten Selbstbau eine Bauaufsicht durch ein berechtigtes Unternehmen vorgesehen.

> **Achten Sie beim Vergleich unterschiedlicher Anbote darauf, ob Erdarbeiten, eventuell erforderliche Stromanschlüsse, Kanalzu- und -ableitungen, Umsatzsteuer usw. darin enthalten sind.**

JÄHRLICHE FOLGEKOSTEN

Neben den zu erwartenden Investitionskosten sind aus finanzieller Sicht natürlich auch anfallende Folgekosten interessant. Die jährlichen Folgekosten bestehen aus Kosten für einen Wartungsvertrag und die Fremduntersuchung, Kosten für die Klärschlammentsorgung, unter Umständen anfallende Energiekosten und Kosten, die aus der Eigenüberwachung erwachsen.

Die Kosten für den Wartungsvertrag, der im Normalfall auch die erforderlichen Fremduntersuchungen beinhaltet, hängen im wesentlichen von der Anzahl der wasserrechtlich vorgeschriebenen Fremduntersuchungen ab.

Die Kosten für die Klärschlammentsorgung sind durch die Art der Entsorgung bedingt. Dabei ist die Entsorgung in einer kommunalen Kläranlage als die kostenintensivste Möglichkeit zu bezeichnen. Die Kosten dafür schwanken mitunter sehr stark von Kläranlage zu Kläranlage.

In den niedrigen Energiekosten liegt einer der großen Vorteile einer Pflanzenkläranlage gegenüber anderen Reinigungssystemen. Bei entsprechender Geländeform ist es möglich, die Kläranlage als Nullenergieanlage – d.h. ohne den Einsatz von Fremdenergie – zu betreiben. Ist kein ausreichendes natürliches Gefälle vorhanden, bedarf es des Einsatzes von Fremdenergie zur Intervallbeschickung. Dabei kann von einem durchschnittlichen Energieverbrauch von 5 kWh pro Jahr und Einwohnerwert ausgegangen werden.

> **Der Energieverbrauch einer Pflanzenkläranlage beträgt zwischen 0 und 5 kWh pro Jahr und Einwohnerwert.**

Wird die Eigenüberwachung vom Betreiber selbst durchgeführt – was den Normalfall darstellen dürfte –, fallen de facto keine Kosten in Form von Geldbeträgen an. Welchen Stellenwert die Zeit hat, die für die Eigenüberwachung aufgebracht werden muß, hat jeder Betreiber subjektiv zu bewerten.

Zu den jährlichen Folgekosten im weiteren Sinne sind auch allenfalls anfallende Finanzierungskosten zu zählen. Darunter versteht man die im Falle einer Kreditfinanzierung der Kläranlage anfallenden Annuitäten. Diese Kosten sind vor allem bei der Errichtung von Gemeindekanalisationsanlagen von Bedeutung und spielen im privaten Bereich meist nur eine untergeordnete Rolle.

Die Höhe der spezifischen Folgekosten – d.h. der Kosten pro Einwohnerwert – nimmt stark mit der Größe der Pflanzenkläranlage ab, wie man auch aus untenstehender Tabelle entnehmen kann.

Folgekosten in Abhängigkeit der Anlagengröße (Angaben in öS)				
Kläranlagengröße	5 EW	10 EW	25 EW	50 EW
Laufende Kosten pro Jahr	3.100	4.700	8.000	11.000
Laufende Kosten pro EW	620	470	320	220

Den Löwenanteil der Folgekosten nehmen üblicherweise der Wartungsvertrag und die erforderliche Fremduntersuchung in Anspruch. In diesem Bereich ist zum Beispiel durch die Errichtung von Wartungsgemeinschaften noch ein beträchtliches Einsparungspotential vorhanden.

BEHÖRDEN UND GESETZE

Bei der Errichtung und dem Betrieb einer Abwasserreinigungsanlage ist eine Vielzahl an unterschiedlichen gesetzlichen Bestimmungen des jeweiligen Landes zu beachten. Es würde den Umfang dieses Buches sprengen, alle gesetzlichen Vorschriften bis ins letzte Detail zu erläutern. Es soll in diesem Kapitel ein grober Überblick über die für die Abwasserentsorgung zutreffenden rechtlichen Rahmenbedingungen in Österreich, Deutschland und der Schweiz gegeben werden. Besonderes Augenmerk wird darauf gelegt, Ihnen eine Hilfestellung bei der Suche nach kompetenten Ansprechpartnern in rechtlichen Fragen zu geben.

ÖSTERREICH

Die gesetzliche Situation in Österreich zeichnet sich dadurch aus, daß sowohl Bundes- als auch Landesgesetze zu beachten sind. Neben dem Bund und den jeweiligen Ländern sind in die Problematik der Abwasserentsorgung auch die Gemeinden stark eingebunden. Diese Aufteilung der gesetzlichen Kompetenz erschwert eine kurze, prägnante Darstellung der gesetzlichen Situation.

Das Wasserrechtsgesetz

Ein grundlegender Gedanke des Wasserrechtsgesetzes (WRG) ist das Verursacherprinzip. So ist laut WRG prinzipiell jedermann verpflichtet, für die Reinigung seiner Abwässer Sorge zu tragen.

Zum Betreiben einer Abwasserreinigungsanlage wird eine wasserrechtliche Bewilligung benötigt. Die Rechtsgrundlage für das wasserrechtliche Bewilligungsverfahren einer Anlage bildet ebenfalls das Wasserrechtsgesetz. Dieses Gesetz – es stammt aus dem Jahre 1956 und wurde 1997 letztmalig novelliert – ist ein Bundesgesetz. Somit gelten für die wasserrechtliche Bewilligung einer Kläranlage grundsätzlich in allen Bundesländern die gleichen rechtlichen Voraussetzungen. Zur Erteilung der wasserrechtlichen Bewilligung bedient sich der Bund der jeweiligen Bezirkshauptmannschaft als zuständiger Wasserrechtsbehörde.

Ihr Ansprechpartner für alle juridischen Fragen, die die wasserrechtliche Bewilligung Ihrer Pflanzenkläranlage betreffen, ist somit der Wasserrechtsreferent der zuständigen Bezirkshauptmannschaft. Wollen Sie eine behördliche Auskunft bezüglich technischer Angelegenheiten, wenden Sie sich am besten an den Technischen Amtssachverständigen.

(Um die zuständigen Herren bzw. Damen ausfindig zu machen, genügt ein kurzer Anruf bei der Bezirkshauptmannschaft.)

Damit eine wasserrechtliche Genehmigung erteilt wird, muß die geplante Kläranlage dem „Stand der Technik" entsprechen, d.h., die Reinigungsleistung der Anlage muß von der Behörde akzeptiert werden. Eine wichtige Rolle spielt in diesem Zusammenhang der zur Wasserrechtsverhandlung beizuziehende Technische Amtssachverständige, denn dieser entscheidet letztendlich, ob die projektierte Anlage für ihn den Stand der Technik erfüllt. Die Anerkennung von Pflanzenkläranlagen als Reinigungsverfahren nach Stand der Technik ist nicht in allen Bundesländern einheitlich geregelt. Dies gilt vor allem für die Größe, bis zu welcher die Pflanzenkläranlagen bewilligt werden. So gelten beispielsweise in der Steiermark vertikal beschickte Bodenfilter bis zu einer Ausbaugröße von 50 EW als Stand der Technik und somit als bewilligungsfähig. (Das heißt allerdings nicht, daß es für einen Amtssachverständigen nicht möglich ist, auch Pflanzenkläranlagen mit einer Größe von mehr als 50 EW positiv zu beurteilen.) Die behördliche Verwaltungspraxis ist – vor allem was den Bereich der Kläranlagengrößen betrifft – sehr stark in Bewegung, und es kann durchaus sein, daß die Bewilligungspraxis bereits eine andere ist, wenn Sie dieses Buch in Händen halten. Interessant ist in diesem Zusammenhang eine Vor-Norm des Österreichischen Normungsinstitutes, die für bepflanzte Bodenfilter erlassen wurde. Diese Vor-Norm gilt für Pflanzenkläranlagen bis zu einer Größe von 500 EW. Es ist also – auch durch das Vorhandensein dieser Vor-Norm – in Zukunft auf eine österreichweite Vereinheitlichung der Bewilligungspraxis und eine Erhöhung der bewilligungsfähigen Kläranlagengrößen zu hoffen. Ein kompetentes Planungsbüro wird Ihnen über die aktuelle Bewilligungspraxis in Ihrem Bezirk gerne Auskunft geben. Wollen Sie auf Nummer sicher gehen, so erkundigen Sie sich diesbezüglich bei dem für Ihren Bezirk zuständigen Technischen Amtssachverständigen.

Welche Reinigungsleistung muß meine Pflanzenkläranlage erbringen?

Im Wasserrecht wird die Reinigung der Abwässer nach „Stand der Technik" gefordert. Konkretisiert wird der Stand der Technik durch vom Bundesminister für Land- und Forstwirtschaft zu erlassende Emissionsverordnungen. Für die kommunale Abwasserentsorgung sind die 1., 2. und 3. Emissionsverordnung für kommunales Abwasser von Bedeutung. Während die 3. Emissionsverordnung nur für Objekte in Extremlage (Obj. i. Extr.) zuständig ist, legen die beiden ersten Emissionsverordnungen in Abhängigkeit von der Anlagengröße Grenzwerte für unterschiedliche Inhaltsstoffe fest. Der Geltungsbereich der 1. Emissionsverordnung liegt bei Kläranlagen ab 50 EW. Somit werden die für den Haupteinsatzbereich von Pflanzenkläranlagen geforderten Grenzwerte in der 2. Emissionsverordnung für kommunales Abwasser festgelegt. Derzeit liegt diese Verordnung nur als Entwurf vor. Die darin geforderten Grenzwerte orientieren sich – wie auch aus der unten angeführten Tabelle ersichtlich – an den Grenzwerten für Kläranlagen mit einer Größe von 50 bis 500 EW.

Grenzwerte der Emissionsverordnungen für kommunale Abwässer						
	2. Em. VO	1. Emissionsverordnung				3. Em. VO
Anlagengröße [EGW]	< 50	50–500	500–5000	5000–50000	> 50000	Obj. i. Extr.
absetzbare Stoffe [ml/l]	0,3	–	–	–	–	0,5
BSB_5 [mg/l]	25	25	20	20	15	–
CSB [mg/l]	90	90	75	75	75	–
TOC [mg/l]	30	30	25	25	25	–
NH_4-N [mg/l]	10	10	5	5	5	–
ges-P [mg/l]	–	–	2	1,0	1,0	–
BSB_5-Entfernung [%]	–	95	– / 95	95	95	80
CSB-Entfernung [%]	–	85	– / 85	85	85	70
TOC-Entfernung [%]	–	85	– / 85	85	85	–
N-Entfernung [%]	–	–	–	70	70	

Es sei an dieser Stelle erwähnt, daß Abweichungen von den in der Tabelle angegebenen Werten durchaus möglich sind.

Zusätzlich zu den einzuhaltenden Grenzwerten wird Ihnen im Zuge der Wasserrechtsverhandlung auch die Häufigkeit und der Umfang der Eigen- und Fremdüberwachung vorgeschrieben. Üblicherweise hat die Fremdüberwachung neben der Probennahme und Analyse auch einen Wartungsvertrag eines befugten Unternehmens zu enthalten.

Wie lange ist meine wasserrechtliche Bewilligung gültig?

Laut Wasserrechtsgesetz sind wasserrechtliche Bewilligungen nur befristet zu erteilen. Aus Sicht des Anlagenbetreibers ist eine möglichst lange Bewilligungsdauer anzustreben. Laut Gesetz ist die Befristung auf die jeweils längste vertretbare Zeitdauer zu gewähren. Diese jeweils längste vertretbare Zeitdauer ist nicht nur von Bundesland zu Bundesland, sondern auch von Bezirk zu Bezirk sehr unterschiedlich. Aus eigener Erfahrung der Autoren kann die Bewilligungsdauer zwischen 5 und über 40 Jahren betragen, wobei vor allem dort mit einer kurzen Bewilligungsdauer zu rechnen ist, wo die Kläranlage gegen das Interesse der Gemeinde errichtet werden soll. Wichtig ist in diesem Zusammenhang, daß Sie bereits 5 Jahre vor Ablauf der wasserrechtlichen Bewilligung um deren Verlängerung ansuchen können. Sie haben auch – sofern in der Vergangenheit alle Auflagen erfüllt worden sind – einen Rechtsanspruch auf die Verlängerung der wasserrechtlichen Bewilligung.

> **Wichtig!** Es muß spätestens 6 Monate vor Ablauf der Wasserrechtsbewilligung um eine Verlängerung angesucht werden.

An dieser Stelle soll noch kurz auf die Änderungen, die sich durch die letzte Novellierung des Wasserrechtsgesetzes 1997 ergaben, hingewiesen werden. Für Kleinkläranlagen soll es zu einer Vereinfachung des Bewilligungsverfahrens kommen. Es ist vorgesehen, ein Anzeigeverfahren einzuführen, d.h., es soll für bestimmte Kläranlagentypen genügen, die Errichtung der Anlage drei Monate vor Baubeginn der Wasserrechtsbehörde anzuzeigen. Reagiert die Behörde drei Monate nicht, so gilt die Anlage automatisch als für 15 Jahre bewilligt. Der Behörde sind die für eine herkömmliche Wasserrechtsverhandlung erforderlichen Planungsunterlagen bereitzustellen. Erscheint Ihnen die Bewilligungsdauer von 15 Jahren als zu gering, können Sie ein herkömmliches Wasserrechtsverfahren beantragen. Damit diese Vereinfachung zum Tragen kommt, muß der Landwirtschaftsminister eine Verordnung herausgeben, in der jene Anlagen enthalten sind, für die diese „Typengenehmigung" gilt. Derzeit ist diese Verordnung noch nicht erlassen; wann und in welcher Form sie kommen wird, bleibt abzuwarten.

Landesgesetze

Während das Wasserrechtsgesetz einen unumstößlichen Faktor für Sie darstellt, werden die landesrechtlichen Bestimmungen wahrscheinlich nur dann für Sie relevant, wenn Sie Ihre Kläranlage nicht im Einvernehmen mit der Gemeinde errichten können. Die Landesgesetze regeln im wesentlichen den Anschluß an die öffentliche Kanalisation, das heißt an den öffentlichen Kanal einer Gemeinde. In den meisten Bundesländern ist die Gemeinde verpflichtet, für dicht besiedelte Bereiche eine Kanalisation zu errichten, wobei es aber durchaus auch möglich sein kann, daß sich die Gemeinde zum Beispiel einer Abwassergenossenschaft zur Erfüllung dieser Pflicht bedient.

Die entscheidenden Fragen in diesem Zusammenhang sind:

- Liegt Ihre Liegenschaft in jenem Bereich, den die Gemeinde durch eine öffentliche Kanalisation entsorgen will?
- Besteht für Ihre Liegenschaft Anschlußpflicht an die öffentliche Kanalisation?
- Wenn ja: Gibt es eine Möglichkeit, eine Ausnahme von der Anschlußpflicht zu erwirken?

Vor allem der dritte Punkt ist ein äußerst umstrittener Bereich. Eine Ausnahme von der Anschlußverpflichtung ist in einigen Bundesländern möglich, allerdings ist es für den Fall, daß die Gemeinde die Ausnahme nicht gewähren will, mit großen Schwierigkeiten verbunden, trotzdem eine Bewilligung zu bekommen. Ein derartiger Rechtsstreit dauert meist Jahre und kann im Extremfall bis zum Verwaltungsgerichtshof führen. Wenn Sie sich trotzdem dafür entschließen, eine eigene Kläranlage gegen den Willen der Gemeinde zu errichten, sollten Sie sich dieser Tatsache bewußt sein.

Förderungsbestimmungen

Zur Förderung von Abwasserentsorgungsanlagen stehen prinzipiell Bundes- und Landesmittel zur Verfügung. In manchen Gemeinden können Sie auch aus der Gemeindekasse einen Beitrag zu Ihrer Pflanzenkläranlage erhalten. Die rechtliche Grundlage für die Bundesförderung bildet das Umweltförderungsgesetz. Die Abwicklung der Bundesförderung erfolgt über die Österreichische Kommunalkredit AG. Bei öffentlichen Abwasserentsorgungsanlagen wird die Bundesförderung normalerweise als Annuitätenzuschuß ausbezahlt. Die Gemeinde nimmt also einen Kredit auf, und der Bund bezahlt einen Teil der Kreditraten. Für Kleinanlagen besteht allerdings auch die Möglichkeit, einen Investitionskostenzuschuß zu erhalten. Die Vergabe von

Bundesmitteln ist an einige Bedingungen geknüpft. So ist zum Beispiel der Einsatz von Eigenleistungen beschränkt. Sie müssen den Nachweis erbringen, daß Sie die „günstigste" Form der Abwasserentsorgung realisieren wollen. (Dieser Nachweis ist üblicherweise anhand einer Variantenuntersuchung zu erbringen; siehe Seite 52.) Weiters ist es wesentlich, daß der Förderantrag vor Baubeginn eingebracht wird.

Die Vergaberichtlinien bezüglich der Landesförderung sind von Bundesland zu Bundesland verschieden. Zuständig für Förderansuchen ist das jeweilige Amt der Landesregierung bzw. die Baubezirksleitung, über welche auch der Antrag über Bundesmittel eingebracht werden muß.

> **Tip: Machen Sie Ihre Entscheidung, ob Sie eine eigene Pflanzenkläranlage bauen, nicht vom möglichen Erhalt an Förderungen abhängig.**

Sie können trotzdem versuchen, eine Förderung zu erhalten; allerdings sind Sie nicht davon abhängig und somit in vieler Hinsicht freier in Ihren Entscheidungen.

Wassergenossenschaften

Dieser Punkt wird für Sie interessant sein, wenn Sie gemeinsam mit Ihren Nachbarn eine Pflanzenkläranlage errichten wollen. Wir wollen hier nur auf die Möglichkeit der Errichtung einer Wassergenossenschaft hinweisen. Die gesetzlichen Rahmenbedingungen dafür finden Sie ebenfalls im Wasserrechtsgesetz. Wollen Sie eine Wassergenossenschaft gründen, so müssen Sie Satzungen aufstellen und diese gemeinsam mit den Beitrittserklärungen der künftigen Genossenschaftsmitglieder an die Wasserrechtsbehörde (Bezirkshauptmannschaft) schicken. Die Anerkennung der Wassergenossenschaft erfolgt mittels Bescheid durch die Wasserrechtsbehörde. Vordrucke von Satzungen für Wassergenossenschaften, die in der Vergangenheit vor allem zum Zweck der Wasserversorgung errichtet wurden, bekommen Sie bei der Bürgerinformationsstelle Ihrer Landesregierung.

Neben der Organisationsform der Wassergenossenschaft besteht auch die Möglichkeit der Gründung einer Abwassergemeinschaft. Diese Form erscheint vor allem bei kleineren Gruppenkläranlagen (2 bis 4 Haushalte) von Vorteil, da sie ohne behördliches Genehmigungsverfahren gegründet werden kann.

Sollte Ihnen diese knapp gehaltene Darstellung der rechtlichen Rahmenbedingungen zu wenig informativ sein, hier einige weitere Informationsquellen:

Informationsmöglichkeiten für Rechtsauskünfte:

- Umweltanwalt der Landesregierung
- Wasserrechtsreferenten der Bezirkshauptmannschaft
- Zuständige Abteilung des Amtes der Landesregierung
- Landwirtschaftskammer

Weiters können wir Ihnen eine Broschüre von Karl Staudinger mit dem Titel „Rechtsleitfaden für dezentrale Abwasserentsorgung", welche in der Reihe „Grüne Werkstatt Schriften" erschienen ist, empfehlen.

DEUTSCHLAND

Laut Wasserhaushaltsgesetz (WHG) ist bei der Errichtung einer Abwasserreinigungsanlage dann eine „Wasserrechtliche Erlaubnis" einzuholen, wenn zur Ableitung des gereinigten Abwassers ein Oberflächengewässer oder Grundwasser benutzt wird. Es ist also davon auszugehen, daß eine behördliche Genehmigung zum Betreiben einer Pflanzenkläranlage notwendig ist.

Die wasserrechtliche Erlaubnis wird von der Unteren Wasserbehörde des Landkreises erteilt. Die Erlaubnis für das Einleiten von gereinigtem Abwasser darf nur dann erteilt werden, wenn die im Abwasser enthaltenen Schadstofffrachten so gering gehalten werden, wie dies nach dem Stand der Technik möglich ist. Näher bestimmt wird der Stand der Technik durch eine Abwasserverordnung, welche für kommunales Abwasser bei Kläranlagen bis 1000 Einwohner folgende Anforderungen an den Kläranlagenablauf definiert:

Anforderungen an Kläranlagen bis 1000 Einwohner				
CSB	BSB$_5$	NH$_4$-N	P$_{ges}$	N$_{ges}$
150 mg/l	40 mg/l	kein Grenzwert	kein Grenzwert	kein Grenzwert

Die Anerkennung von Pflanzenkläranlagen als Abwasserreinigungsverfahren nach dem Stand der Technik erfolgt in den einzelnen Bundesländern unterschiedlich. So gibt es vor allem über die Einsatzgröße divergierende Ansichten. Während die hessischen Behörden Pflanzenkläranlagen bis zu 500 Einwohnern genehmigen, können in

Baden-Württemberg bis zu 1000 Einwohner an eine naturnahe Abwasserbehandlungsanlage angeschlossen werden.

Tatsache ist, daß sich Pflanzenkläranlagen auch in Deutschland zunehmend durchzusetzen beginnen, da sie sich als Reinigungsverfahren nach dem fortgeschrittenen Stand der Technik bewährt haben. So entsteht gerade östlich von Hannover Deutschlands größte Pflanzenkläranlage, in der das Abwasser der 3000-Seelen-Gemeinde Lahstedt gereinigt werden soll.

> **Für detailliertere Informationen wenden Sie sich an die Untere Wasserrechtsbehörde Ihres Landkreises.**

SCHWEIZ

Das in der Schweiz relevante Bundesgesetz ist das Gewässerschutzgesetz. Zusätzlich zu diesem Gesetz wurde die Allgemeine Gewässerschutzverordnung erlassen. Für den Vollzug des Bundesgesetzes sind die einzelnen Kantone verantwortlich, wodurch auch unterschiedliche kantonale Vorschriften zu beachten sind. Die Rechtslage in den einzelnen Kantonen variiert also, bewegt sich aber stets innerhalb des Rahmens des Bundesgesetzes. Die Kantone übertragen die in Zusammenhang mit der Abwasserentsorgung entstehenden Aufgaben an die Gemeinden.

Um ein Bewilligungsverfahren für eine Abwasserentsorgungsanlage einzuleiten, gilt es, ein Baugesuch an die zuständige Gemeindestelle zu stellen. Das Gesuch wird von der Gemeinde an die zuständige Kantonsstelle weitergeleitet, die wiederum den Entscheid über die Gemeinde an den Gesuchsteller übermittelt.

Die Anforderungen, die in der Schweiz an die Reinigungsleistung von Kläranlagen gestellt werden, sind in der Verordnung über Abwassereinleitungen geregelt. Da die diesbezüglichen Angaben sehr kantonsspezifisch sind, würde eine detaillierte Aufstellung den Rahmen dieses Buches sprengen.

Landwirte können unter bestimmten Voraussetzungen von der Anschlußpflicht an das Kanalisationsnetz befreit werden. Dazu müssen allerdings bestimmte Kriterien – wie zum Beispiel das Vorhandensein einer Nutztierhaltung, die Möglichkeit einer ordnungsgemäßen Lagerung usw. – gegeben sein.

> **Für detailliertere Informationen wenden Sie sich an die für Wasserrechtsfragen zuständige Kantonsstelle.**

FALLBEISPIELE

Am Schluß dieses Buches sollen nun einige konkrete Projekte beschrieben werden. Dabei wird neben der technischen Beschreibung vor allem auf den Bauablauf eingegangen.

PROJEKT 1 (HAUSKLÄRANLAGE)

- **Bauherr:**   Familie M.
- **Anlagentyp:**   Hauskläranlage
- **Anlagengröße:**   6 EW
- **Hausanschlüsse:**   1

Nach Erwerb eines Einfamilienhauses in der Nähe von Graz stellte sich für Familie M. das Problem der Abwasserreinigung. Die Abwässer wurden in zwei Sammelgruben mit ca. 12.000 l Fassungsvermögen gesammelt und durch den Grubendienst zur nächsten Kläranlage gebracht. Da die Gruben etwa einmal im Monat ausgeleert werden mußten, stellte sich der Grubendienst trotz Förderungen der Gemeinde als sehr kostspielig dar. Nach Rücksprache mit Gemeindevertretern war in absehbarer Zeit für diesen Siedlungsbereich kein Anschluß an eine öffentliche Kanalisation geplant. Familie M. konnte die Lösung des Abwasserproblems selbst in die Hand nehmen. Nachdem in einem ersten Informationsgespräch sämtliche rechtlichen und technischen Fragen abgeklärt worden waren, beauftragte die Familie mit dem Ökologischen Projekt ein Planungsbüro, die erforderlichen Unterlagen zu erstellen.

Im November 1995 wurde das vom Planer erstellte Projekt bei der Wasserrechtsbehörde eingereicht. Im März 1996 verhandelte man das Projekt an Ort und Stelle mündlich, und da keine rechtlichen und technischen Einwände bestanden, wurde es auf dreißig Jahre, bis zum Jahr 2026, wasserrechtlich bewilligt. Ende April 1996 ließen es die Witterungsumstände zu, mit dem Bau zu beginnen.

Nach der positiven Dichtheitsprobe der Sammelgruben wurde eine Sammelgrube stillgelegt, die zweite durch das Errichten von Betontrennwänden zur Dreikammergrube umgebaut. Die Betontrennwände wurden aus Schalsteinen gefertigt und mit Mörtel vergossen. Dazu mußte in die Flachabdeckung der Sammelgrube noch eine Öffnung gestemmt werden. Die dritte Kammer sollte gleichzeitig als Intervallbeschickungsschacht für die Fäkalientauchpumpe dienen. Die Pumpe war notwendig, da zwischen Pflanzenbecken und Dreikammergrube kein natürlicher Höhenunter-

Hauskläranlage, Projekt 1

schied gegeben war. Die Trennwände zur dritten Kammer wurden sorgfältig mit feinem Mörtel geglättet, um sie gegenüber der 1. und 2. Kammer abzudichten.

Das Pflanzenbecken wurde für 6 Einwohner ausgelegt und in ca. 20 m Entfernung von der Dreikammergrube und 10 m Entfernung vom Wohngebäude errichtet. Der Aushub und das Befüllen mit Sand und Kies konnten aufgrund der guten Zufahrtsmöglichkeiten maschinell erledigt werden. Für die Ablaufleitung von der Pflanzenkläranlage in den ca. 70 m entfernten Bach bediente man sich einer 5 cm starken Schlauchleitung, wie sie auch im Wasserleitungsbau Verwendung findet. Um die Ableitung herzustellen, mußten ein Acker und eine Wiese überquert werden, welche sich im Besitz von Nachbarn befinden. Die Nachbarn hatten aber schon zur Wasserrechtsverhandlung ihre schriftliche Zustimmung zum Durchgraben und Leitungsverlegen gegeben. Wichtig war nur, daß der landwirtschaftliche Betrieb durch die Bauarbeiten nicht eingeschränkt wurde. Deshalb mußte die Leitung vor dem Ackerumbruch in ausreichender Tiefe verlegt sein.

Nach drei Tagen Bauzeit war die Kläranlage betriebsbereit. Die noch notwendigen Dichtheitsproben der Kanalleitungen und des Pflanzenbeckens konnten vorgenommen werden. Im Mai 1996 ging die Anlage dann in Betrieb. Nachdem ein Wartungsvertrag mit dem Planungsbüro abgeschlossen, alle weiteren erforderlichen Unterlagen

(Betriebsbuch, Bauaufsichtsbestätigungen etc.) beschafft und die Erstuntersuchung der Ablaufqualität Mitte Juni durchgeführt worden waren, konnte der Behörde die Fertigstellung gemeldet werden. Im November 1996 wurde die Anlage nach einem behördlichen Lokalaugenschein endgültig kommissioniert.

Im Betrieb mußte nach dem ersten Winterfrost einmal das Abwasserverteilungssystem auf dem Pflanzenbecken nachjustiert werden. Im Sommer 1997 wurden Pflanzen nachgesetzt. Die Kläranlage funktioniert bisher ohne Störungen und hält die gesetzlich geforderten Ablaufwerte ein. Bisher wurde die Anlage fünfmal untersucht.

Untersuchungsergebnisse				
Datum	Temperatur	BSB$_5$	CSB	NH$_4$-N
10. 6. 1996	16° C	6 mg/l	15 mg/l	0,2 mg/l
10. 9. 1996	18° C	14 mg/l	41 mg/l	0,5 mg/l
5. 12. 1996	5° C	10 mg/l	32 mg/l	2,5 mg/l
18. 7. 1997	18° C	3 mg/l	42 mg/l	5,7 mg/l
25. 2. 1998	6° C	8 mg/l	57 mg/l	5,1 mg/l
Mittelwert		**8 mg/l**	**38 mg/l**	**2,8 mg/l**
Grenzwerte		25 mg/l	90 mg/l	10,0 mg/l

PROJEKT 2 (GENOSSENSCHAFTSKLÄRANLAGE)

- **Bauherr:** Abwassergenossenschaft Edelsbach
- **Anlagentyp:** Genossenschaftskläranlage
- **Anlagengröße:** 50 EW (Vollausbau 70 EW)
- **Hausanschlüsse:** derzeit 10 (davon ein Kindergarten)

Im Jahr 1997 wurden durch die Abwassergenossenschaft Edelsbach zwei Kläranlagen gebaut. Neben einer Hauskläranlage für 5 EW wurde auch die hier näher beschriebene Anlage mit einer Ausbaugröße von derzeit 50 EW errichtet.

Gegründet wurde die Abwassergenossenschaft Ende 1996. Die Gründung der Genossenschaft und die Errichtung von eigenen Abwasserentsorgungsanlagen wurde von der Gemeinde Edelsgrub befürwortet, da dieses Gebiet zwar ursprünglich durch die Gemeinde hätte entsorgt werden sollen, eine Entsorgung durch die Genossenschaft aber keine negativen Auswirkungen auf die Entsorgungspläne der Gemeinde erwarten ließ. Die Planung der Anlage erfolgte im Frühjahr 1997, und im Spätsommer 1997 fand die erforderliche Wasserrechtsverhandlung statt.

Da im Entsorgungsgebiet in Zukunft durchaus mit Bautätigkeiten zu rechnen ist, wurde die Planung derart vorgenommen, daß die Anlage jederzeit um weitere 20 EW auf 70 EW erweitert werden kann. Mit dem Bau der Kläranlage wurde im Herbst 1997 begonnen. Die Bauzeit betrug 3 Wochen, wobei neben der Kläranlage auch ca. 1 km an Kanal verlegt wurde.

Die Besonderheit dieser Anlage liegt darin, daß sie ohne Fremdenergie betrieben werden kann. Dies wurde – obwohl die Anlage aus mehreren Becken besteht – durch ein ausgeklügeltes Beschickunssystem ermöglicht.

Der Bauablauf stellt sich wie folgt dar:

In der ersten Bauphase wurden die Bodenfilter errichtet. Insgesamt wurden drei Becken gebaut, von denen die ersten beiden parallel und das dritte in Serie den beiden ersten nachgeschaltet ist. Die Schwierigkeit bei der Errichtung der Becken lag in der Tatsache, daß eine Zufahrt mit dem LKW zu den Bodenfiltern nicht möglich war und somit das Filtermaterial zwischengelagert und mit Traktor und Kipper in das Becken eingebracht werden mußte. Die Kläranlage liegt in abschüssigem Gelände, und somit sind die Becken auf unterschiedlichem Höhenniveau errichtet. Deshalb war es auch notwendig, die drei Bodenfilter zeitlich nacheinander zu errichten, da sonst keine Möglichkeit mehr bestanden hätte, das Filtermaterial einzubringen. Insgesamt beinhalten die Bodenfilter ca. 430 Tonnen an Filtermaterial. Sie sehen also, daß das Einbringen des Filtermaterials einer der aufwendigsten Arbeitsschritte bei der gesamten Errichtung der Kläranlage ist. Dieser Vorgang ist natürlich um vieles einfacher und auch kostengünstiger, wenn das Filtermaterial direkt vom LKW in das Becken eingebracht werden kann.

Der nächste Schritt bestand in der Errichtung der mechanischen Vorreinigung und des Intervallbeschickungssystems. Die mechanische Vorreinigung wird nach dem Prinzip einer Dreikammergrube durchgeführt. Um das erforderliche Vorklärvolumen zu erreichen, wurden zwei Fertigteilgruben mit einem Durchmesser von jeweils 2,5 m errichtet. Eine der beiden Gruben ist mittels Schalsteinen in der Mitte abgemauert und beinhaltet somit die zweite und dritte Kammer. Natürlich besteht auch die Möglichkeit, die mechanische Vorklärung in nur einer Grube unterzubringen; dies hätte allerdings zur Folge, daß keine Fertigteile eingesetzt werden können, wodurch insgesamt mit einem höheren Kostenaufwand gerechnet werden müßte. Die beiden Gruben befinden sich in einer Entfernung von ca. 100 m zueinander. Der Grund dafür: Die erste der beiden Gruben wurde an Stelle des letzten Kanalschachtes versetzt, und somit konnten nicht nur die Kosten des Schachtes eingespart, sondern auch die letzten 100 m des Kanalstranges geringer dimensioniert werden – nämlich DN 100 anstatt DN 150.

Für das Intervallbeschickungssystem wurden zwei weitere Schächte errichtet. Ein Verteilerschacht – Durchmesser 100 cm – und die eigentlichen Intervallbeschickungsschächte. Die beiden Intervallbeschickungsschächte sind wiederum in nur einem, in der Mitte abgemauerten Schacht – Durchmesser 200 cm – untergebracht. Wie schon erwähnt, ist die Anlage derart aufgebaut, daß die ersten beiden Bodenfilter parallel geschaltet sind – d.h., jedes der ersten beiden Becken soll mit der Hälfte des anfallenden Abwassers beschickt werden. Um eine gleichmäßige Aufteilung des anfallenden mechanisch vorgereinigten Abwassers zu erreichen, war es notwendig, einen Verteilerschacht zu errichten. Dieser Schacht wird von der dritten Kammer der Dreikammerfaulgrube intervallmäßig beschickt. Am Schachtboden befinden sich in gleicher Höhe zwei Ableitungen zu den Intervallbeschickungsschächten. Durch das schwallartige Eindringen des Abwassers in den Verteilerschacht kommt es zu einer gleichmäßigen Verteilung auf die beiden Intervallbeschickungsschächte. In diesen ist jeweils ein eigenes Rohrventil installiert, wodurch die eigentliche stoßweise Beschickung der beiden Vertikalfilter voneinander unabhängig gewährleistet wird. Beim Versetzen der Schächte ist unbedingt darauf zu achten, daß sie sich in der richtigen Höhe zueinander und zum Becken befinden. Weiters ist darauf zu achten, daß zwischen den beiden ersten Becken und dem dritten Becken eine ausreichende Höhendifferenz gegeben ist, da das dritte – horizontal durchflossene – Becken durch den Ablauf der beiden ersten kontinuierlich beschickt wird.

Im Falle der hier beschriebenen Kläranlage wurde schon beim Bau auf eine gegebenenfalls später beabsichtigte Erweiterung der Kläranlage Bedacht genommen. Der Aufwand dafür hielt sich insofern in Grenzen, als neben der größeren Dimensionierung der mechanischen Vorreinigung eine – bis zum Ausbau stillgelegte – dritte Ableitmöglichkeit aus dem Verteilerschacht vorgesehen werden mußte. Sollte es zum Ausbau kommen, ist also neben der Errichtung eines weiteren vertikal durchströmten Beckens und des dafür notwendigen Intervallbeschickungsschachtes nur mehr die Verbindung zwischen dem bereits vorhandenen Verteilerschacht und dem neu zu errichtenden Intervallbeschickungsschacht herzustellen.

Für die erforderlichen Kanalleitungen wurde PVC der Nennweite DN 150 verwendet. Die Verlegung erfolgte nach den ÖWAV-Richtlinien für den ländlichen Raum. Die Kanaltrasse verläuft ausschließlich im nichtverbauten Gebiet und wurde so festgelegt, daß möglichst geringe Verlegungstiefen erreicht wurden. Aus diesem Grund wird auch das Abwasser von zwei etwas tiefer liegenden Objekten zum Kanalstrang gepumpt. Dazu wurden die dort vorhandenen Sammelgruben durch das Einziehen von Trennwänden zu Dreikammergruben umfunktioniert. Somit besteht nunmehr die Möglichkeit, mechanisch vorgereinigtes Abwasser zu pumpen; ein Umstand, der zu einer Reduktion des technischen Aufwandes und damit natürlich auch der Kosten führt. Kosteneinsparungen in beträchtlichem Ausmaß sind auch bei der Errichtung von Kanalschächten zu erzielen, wenn diese, wie im vorliegenden Fall, ebenfalls nach den ÖWAV-Richtlinien errichtet werden.

Stufig angelegte Bodenfilter einer Gruppenkläranlage, Projekt 2

Einbindung der Anlage in das Landschaftsbild, Projekt 2

Die Verlegung des Kanals im Herbst erwies sich insofern als Vorteil, als es dadurch möglich wurde, die Wiederherstellungsarbeiten erst im Frühjahr durchzuführen. So konnte das Füllmaterial über den Winter ausfrieren und sich in der Künette besser verdichten.

Im Zuge der Bauarbeiten wurden von den Genossenschaftsmitgliedern rund 700 Arbeitsstunden an Eigenleistung eingebracht. Die Investitionskosten der Anlage betrugen – inkl. der abgegoltenen Eigenleistung – ca. 55.000 öS pro Haushalt. Die Folgekosten dieser Anlage können mit 1.500 bis 2.000 öS pro Haushalt und Jahr angenommen werden.

PROJEKT 3 (FLÄCHENDECKENDE ENTSORGUNG)

- **Bauherr:** Wassergenossenschaft Hirtenfeld
- **Anlagentyp:** 10 Genossenschaftskläranlagen
- **Anlagengrößen:** zwischen 5 und 40 EW
- **Hausanschlüsse:** Insgesamt 56

Einzugsgebiet des Projektes 3

141

Dieses Fallbeispiel soll die Möglichkeit aufzeigen, ganze Gemeindegebiete flächendeckend mit Pflanzenkläranlagen auszustatten und dadurch eine erhebliche Kostenreduktion zu erzielen. Die Gemeinde Langegg entspricht in ihrer topographischen Gegebenheit und Besiedelungsstruktur einer typischen Gemeinde des oststeirischen Hügellandes. Dieser Teil der Steiermark zeichnet sich durch großflächige Streusiedlungsbereiche und – wie schon der Name sagt – durch eine extrem hügelige Geländeform aus. Damit verbunden sind beachtliche Schwierigkeiten für eine zentrale Kanalisation des Gemeindegebietes. Dennoch gab es ursprünglich Versuche, einen Großteil von Langegg abwassertechnisch in einer Verbandskläranlage zentral zu entsorgen. Aufgrund der zu erwartenden beträchtlichen Kosten entschloß sich die Gemeindevertretung, nach Alternativen in der Abwasserentsorgung zu suchen. Nach einem ausführlichen Informations- und Diskussionsprozeß in Form von zahlreichen Bürgerinformationsveranstaltungen wurden mit Unterstützung der Gemeinde vier Abwassergenossenschaften gegründet.

Eine davon – die Wassergenossenschaft Hirtenfeld – wird in diesem Zusammenhang näher beschrieben.

Die Wohnhäuser im Ortsteil Hirtenfeld befinden sich im wesentlichen beidseitig entlang der Gemeindestraße, die in Kammlage verläuft. Die Häuser liegen somit links und rechts unter dem Straßenniveau. Diese örtlichen Gegebenheiten ermöglichen eine gemeinsame Abwasserentsorgung nur durch den Einsatz von zahlreichen Pumpwerken oder durch Inkaufnahme von doch erheblichen Verlegetiefen der Freispiegelkanäle. Beides ist – will man eine wartungsarme Abwasserentsorgung mit einem möglichst hohen Einsatz an Eigenleistung realisieren – nach Möglichkeit zu vermeiden.

Unter diesem Gesichtspunkt erwies sich für Hirtenfeld die Errichtung von 10 Kläranlagen als die sinnvollste Lösung. Denn dadurch war es auch unter den schwierigen Rahmenbedingungen möglich, ein Projekt zu erstellen, welches zum Großteil im kontrollierten Selbstbau errichtet werden kann und eine flächendeckende Abwasserentsorgung für Hirtenfeld gewährleistet. Daß zur Realisierung eines derartigen Projektes eine enge Zusammenarbeit zwischen der betroffenen Bevölkerung und dem Planer unbedingt erforderlich ist, versteht sich von selbst.

Die Ausbaugrößen der Kläranlagen befinden sich im Bereich von 5 EW für einen Haushalt, bis zu 40 EW für eine Häusergruppe von 10 Häusern. Die Kläranlagengrößen wurden anhand der derzeitigen Einwohnerzahl und unter Berücksichtigung eines künftigen Bedarfes definiert. Sollten die vorgesehenen Reserven im einen oder anderen Fall nicht ausreichen, so besteht die Möglichkeit, jede Kläranlage nachträglich problemlos zu erweitern.

Derzeit liegen die für die Wassergenossenschaft Hirtenfeld erstellten Projektunterlagen bei der zuständigen Wasserrechtsbehörde. Mit der Wasserrechtsverhandlung vor Ort kann in diesem Sommer gerechnet werden. Die Errichtung der Anlagen ist im Herbst 1998 bzw. im Frühjahr 1999 geplant.

Genaue Kostenangaben können aufgrund der Tatsache, daß dieses Projekt noch nicht realisiert wurde, an dieser Stelle nicht gemacht werden, allerdings liegen detaillierte Kostenschätzungen vor, die Investitionskosten in der Höhe von 50.000 bis 60.000 öS pro Haushalt erwarten lassen. Die jährlichen Folgekosten werden zwischen 1.000 und 2.000 öS pro Haushalt liegen.

Diese Kostenangaben entsprechen den tatsächlich anfallenden Kosten. Die Belastung der Haushalte kann sich durch die Inanspruchnahme von Fördermitteln jedoch reduzieren.

ANHANG

FORMBLATT ZUR EIGENÜBERWACHUNG

Das nachfolgend abgebildete Eigenüberwachungsblatt soll nur als Beispiel dienen und könnte für eine Kleinkläranlage, die aus den Bauteilen Dreikammerfaulgrube, Intervallbeschickung und einstufiger Vertikalfilter besteht, eingesetzt werden. Aufgrund der Unterschiede in der Bauart von Pflanzenkläranlagen sollten die Eigenüberwachungsblätter vom Planer auf den jeweilig eingesetzten Bautyp bzw. auf die eingesetzten Bauteile abgestimmt werden.

Eigenüberwachungsblatt

Jahr			Blatt-Nr.:
Intervall	wöchentlich	monatlich	jährlich
	Intervallbeschickung	Bepflanzter Bodenfilter	Dreikammerfaulgrube
Datum	Funktionskontrolle	Ablaufkontrolle am:	Klärschlammräumung und -entsorgung
	i.O Störung i.O Störung i.O Störung i.O Störung Nichtzutreffendes streichen	Temperatur: NH$_4$-N-Schnelltest: mg/l Geruch: Farbe: Einstauhöhe Bodenfilter:	Räumung am: Menge der Räumung: Durchführung von: Entsorgung bei:
Datum	Funktionskontrolle	Ablaufkontrolle am:	Bepflanzter Bodenfilter
	i.O Störung i.O Störung i.O Störung i.O Störung Nichtzutreffendes streichen	Temperatur: NH$_4$-N-Schnelltest: mg/l Geruch: Farbe: Einstauhöhe Bodenfilter:	Bepflanzung Mahd am: Unkrautentfernung am: Sonstiges:
Datum	Funktionskontrolle	Ablaufkontrolle am:	Bepflanzter Bodenfilter
	i.O Störung i.O Störung i.O Störung i.O Störung Nichtzutreffendes streichen	Temperatur: NH$_4$-N-Schnelltest: mg/l Geruch: Farbe: Einstauhöhe Bodenfilter:	Kontrolle am: Wartungsbeschreibung:

Besondere Tätigkeiten, Vorkommnisse oder Störungen

ANSPRECHPARTNER

Österreich

Ökologisches Projekt
Technisches Büro für Kulturtechnik
Elisabethstr. 32
A-8010 Graz
Tel.:   0316/384587
         0664/2332522
         0664/2561736

Joanneum Research
Institut für Umweltgeologie und Ökosystemforschung
Elisabethstr. 16–18
A-8010 Graz
Tel.:   0316/876-0

Deutschland

Dr. M. Germann-Bauer
Ingenieurbüro
Hochfellnstr. 6
D-83317 Teisendorf
Tel.:   08666/98550

Schweiz

Zentrum für angewandte Ökologie Schattweid
CH-6114 Steinhuserberg
Tel.:   041/4901793

LITERATUR

BAHLO K., WACH G.: Naturnahe Abwasserreinigung, Ökobuch Verlag, Staufen bei Freiburg 1992.

BAYERISCHES LANDESAMT FÜR WASSERWIRTSCHAFT: Integrierte ökologische Gewässerbewertung – Inhalte und Möglichkeiten, R. Oldenbourg Verlag, München/Wien 1998.

BÖRNER T.: Einflußfaktoren für die Leistungsfähigkeit von Pflanzenkläranlagen, TU Darmstadt 1992.

EBERS T., BISCHOFSBERGER W.: Leistungssteigerung von Kleinkläranlagen, TU München 1992.

GELLER G. ET AL.: Bewachsene Bodenfilter zur Reinigung von Wässern, aus Korrespondenz Abwasser 6/92, S. 886–899, Wien.

HAGENDORF U., HAHN J.: Untersuchungen zur umwelt- und seuchenhygienischen Bewertung naturnaher Abwasserbehandlungssysteme, Band 60, Institut für Wasser-, Boden- und Lufthygiene des Umweltbundesamts Berlin 1994.

HÖNER G.: Bakteriologisch-hygienische Untersuchungen an drei mit häuslichem Abwasser beschickten Pflanzenkläranlagen, Diplomarbeit, Fachhochschule Braunschweig / Wolfenbüttel 1994.

HÜTTER L. A.: Wasser u. Wasseruntersuchung, Otto Salle Verlag, Frankfurt 1992.

KLEE O.: Angewandte Hydrobiologie, Thieme Verlag, Stuttgart/New York 1991.

LÖFFLER H.: Naturnahe biologische Filtersysteme zur Wasser- und Abwasserbehandlung. Symposium Umwelt-Biotechnologie, Bochum 1994.

MITTERER G.: Hygienisch-bakteriologische Untersuchungen bei Pflanzenkläranlagen, BMfWF, Wien 1995.

MITTERER G., PREISS M.: Studie zur Untersuchung der Reinigungsleistungen von unterschiedlich dimensionierten zweistufigen Kläranlagen, Amt der Steiermärkischen Landesregierung, FA Ia, Graz 1998.

NIESSLBECK P., RAUSCH W.: Wartung, Pflege und Gewährleistung bei Pflanzenkläranlagen unter Berücksichtigung der Lebensdauer, aus Korrespondenz Abwasser 6/92, S. 846–850, Wien.

REICHMANN G.: Meßprogramm Pflanzenkläranlagen als Hauskläranlagen, Amt der Steiermärkischen Landesregierung, FA IIIa, Graz 1993.

RENNER H., DITSIOUS ?.: Untersuchung von PKA, Wiener Mitteilungen.

SCHÖNBORN A., ZÜST B.: Langzeiterfahrungen mit dem Sand-Pflanzen-Filter Schattweid, Zentrum für angewandte Ökologie, Schattweid 1995.

SCHÜTTE H., FEHR G.: Neue Erkenntnisse zum Bau und Betrieb von Pflanzenkläranlagen, aus Korrespondenz Abwasser 6/92, S. 872–879, Wien.

STAUDINGER K.: Rechtsleitfaden für dezentrale Abwasserentsorgung, Grüne Bildungswerkstatt, Wien 1997.

STIER E., FISCHER M.: Klärwärter-Taschenbuch, F. Hirthammer Verlag, München 1993.

WASSERWIRTSCHAFT – LAND STEIERMARK, BAND 2: Pflanzenkläranlagen/Abwasserreinigung mit bepflanzten Bodenfiltern, Amt der Steiermärkischen Landesregierung, FA IIIa, Graz 1994.

WASSER- UND ABFALLWIRTSCHAFT NÖ: Abwasserreinigung im ländlichen Raum, Leitfaden für Niederösterreich, Amt der Niederösterreichischen Landesregierung, Abt. B/9, Wien 1995.

WASSERWIRTSCHAFT – LAND STEIERMARK, BAND 5: Errichtung von Pflanzenkläranlagen im kontrollierten Selbstbau, Amt der Steiermärkischen Landesregierung, FA IIIa, Graz 1996.

WISSING F.: Wasserreinigung mit Pflanzen, Ulmer Verlag, Stuttgart 1995.